한국 전쟁

국립중앙도서관 출판시도서목록(CIP)

한국전쟁 / 임영대 지음. - 서울 : 소와당, 2010
  p. ; cm

표제관련정보 : 이데올로기의 색안경을 걷어내고 본 전쟁 현장의 팩트, 그 자체
ISBN 978-89-93820-19-5 03910 : ₩14,000

한국전쟁[韓國戰爭]

911.0723-KDC5

951.9042-DDC21   CIP2010002616

한국 전쟁

전략 + 전술 + 무기

임영대 지음

소와당

책을 펴내며

둘로 갈라진 우리 민족이 겪은 민족 최대의 비극 6.25는 점점 잊어버린 전쟁이 되어가고 있습니다. 특히 세대가 내려갈수록 심해지는데, 설문 대상 초등학생의 50% 이상이 6.25를 조선시대에 일어난 것으로, 35%는 남침이 아닌 북침으로 알고 답했다는 2008년의 한 설문조사에서도 명백히 드러납니다. 초등학생들이야 아직 학교에서 역사를 제대로 배우지 않은 탓이라고 볼 수 있지만, 같은 조사를 받은 중고교생들 중에도 30% 이상이 6.25에 대해 제대로 모르고 있다고 답했던 것을 보면 6.25가 잊혀 가고 있다는 것은 분명합니다.

예전에는 그렇지 않았습니다. 80년대까지만 해도 초등학교 저학년부터 실시하는 반공교육과 함께 매년 6월이 되면 호국보훈의 달이라 해서 반공웅변대회라든가 반공포스터그리기 대회와 같은 각종 반공행사가 개최되고 영화, 드라마 등을 통해 북한의 기습남침과 비인간성 등을 강조하는 홍보가 대대적으로 이루어졌습니다.

문제는 과거의 지나친 반공 일변도 교육정책이었는지도 모릅니다. 북한 역시 사람이 사는 곳이건만 북한 사람들을 귀신이나 늑대, 돼지 같은 잔인하고 혐오스러운 짐승으로 묘사하는 과거의 반공 교육은 당시 그 교육을 받은 세대에게 거부감을 주어 그중 일부가 반공이라는 명제와 그 직접적 원인이 된 6.25에 대해 이야기하는 것 자체에 대해 반발심을 갖게 했습니다. 이와 같은 요인들이 겹치면서 그 다음 세대인 현재의 청소년들은 정치적인 면을 떠나 전쟁 그 자체가 어떻게 진행되었는지도 모르게 되었습니다.

더불어 90년대 중반 이후 남북화해 분위기가 확산되면서 과거의 상처인 6.25에 대해 아예 언급하지 않는 분위기가 확산되었고, 학교에서도 현충일의 의미라거나 6월 25일에 발발한 전쟁 등에 대해 거의 언급하지 않게 되었습니다.

현재 초등학교서는 6학년이 되어야 6.25에 대해서 배우며, 중학교에서는 3학년 2학기 국사시간에 배우도록 되어 있으나 진도가 밀리면 배우지 않습니다. 고등학교에서도 근현대사가 선택과목일뿐더러 입시에 큰 비중을 차지하지 않기 때문에 역시 별로 배우지 않습니다. 자연스럽게 대부분의 청소년들에게 있어서 현충일은 단지 공휴일이며, 6월 25일 역시 별 의미가 없는 날입니다. 부모나 교사 누구도 이들에게 6.25의 실상을 사실 그대로 진지하게 가르치려고 시도하지 않습니다.

하지만 6.25는 몰라도 좋은 옛날 이야기 같은 전쟁이 아닙니다. 불과 60년 전의 전쟁으로 인해서 수백만 명의 사람들이 죽고 다쳤으며, 또 다른 수백만이 고향을 떠났고 전 국토가 폐허가 되었습니다. 그리고 오늘날에도 전쟁의 상처를 간직한 채 살아가는 수많은 사람들이 남아 있습니다.

이런 점들을 생각하면, 첨예한 대립이 계속되고 있는 이 전쟁을 둘러싼 이념논쟁에 대해서는 일단 미뤄두더라도 전쟁 그 자체가 어떻게 시작되어 어떻게 끝났는가 하는 정도는 한국인으로서 알아야 한다고 생각합니다. 물론 이 얇은 책 한 권이 6.25에 대한 모든 것을 알려줄 수는 없습니다. 그러나 청소년들이 6.25의 시말에 대해 간략하게나마 파악하게 하는 데는 충분한 역할을 할 수 있을 것이며, 보다 더 많이 알고 싶은 학생은 더 상세한 자료를 찾아 자기 스스로 공부를 하거나 역사 선생님과 같은 주변 어른들에게 물어볼 수도 있겠지요. 또한 성인이라고 해도 6.25의 전개에 대해 잘 모르는 사람이라면 대략적인 흐름을 파악하는 데는 상당한 도움이 될 것입니다.

올해는 벌써 6.25 발발 60주년입니다. 우리 민족에게 아직 크나큰 상처로 남아 있는 6.25가 청소년들에게 바르게 인식되고 그 의미를 잊어버리지 않는 사건이 되기를 기원합니다.

차례

책을 펴내며 4

I 기습전_ 개전에서 서울 함락까지 8

1 · 전쟁준비 10
특집 · 남침 작전 계획 20
2 · 작전개시 22
특집 · 전쟁에 대한 UN의 결의 30
3 · 서울 함락 32
무기특집 · 전차_ 전쟁 최고의 무기 38
무기특집 · 국군과 인민군의 총기 40

II 지연전_ 한강에서 낙동강까지 42

1 · 한강에서 낙동강까지 44
2 · 낙동강 방어선 54
3 · 낙동강 방어전의 의미 66
특집 · 학도의용군 70
무기특집 · 국군과 인민군의 대포 72

III 상륙 및 포위섬멸전_ 낙동강에서 압록강까지 74

1 · 인천상륙작전 기획과 준비 76
2 · 작전실행 82
무기특집 · 인천상륙작전에 참가한 함선들 90
3 · 북진_ 낙동강에서 압록강까지 92
특집 · 특수전 또는 비정규전 104

IV 기동전과 각개격파_ 압록강에서 3.8선까지 106

1 · 중공군의 참전   108

2 · 전세역전과 1.4후퇴   114

3 · 유엔군의 반격   122

4 · 전선정체   128

무기특집 · 미그 VS 세이버   134

특집 · 피난민   136

V 진지전과 전략폭격_ 전선 교착에서 휴전협정까지 138

1 · 협상을 위한 전쟁   140

무기특집 · 헬리콥터   150

2 · 포로교환 문제   152

특집 · 거제도 포로수용소   160

특집 · 유엔군   162

3 · 휴전, 그리고 끝나지 않은 전쟁   164

부록 · 한국전쟁 연표   172

부록 · 지도로 보는 한국전쟁 연표   176

참고 문헌   178

I
_ 개전에서 서울 함락까지
기습전

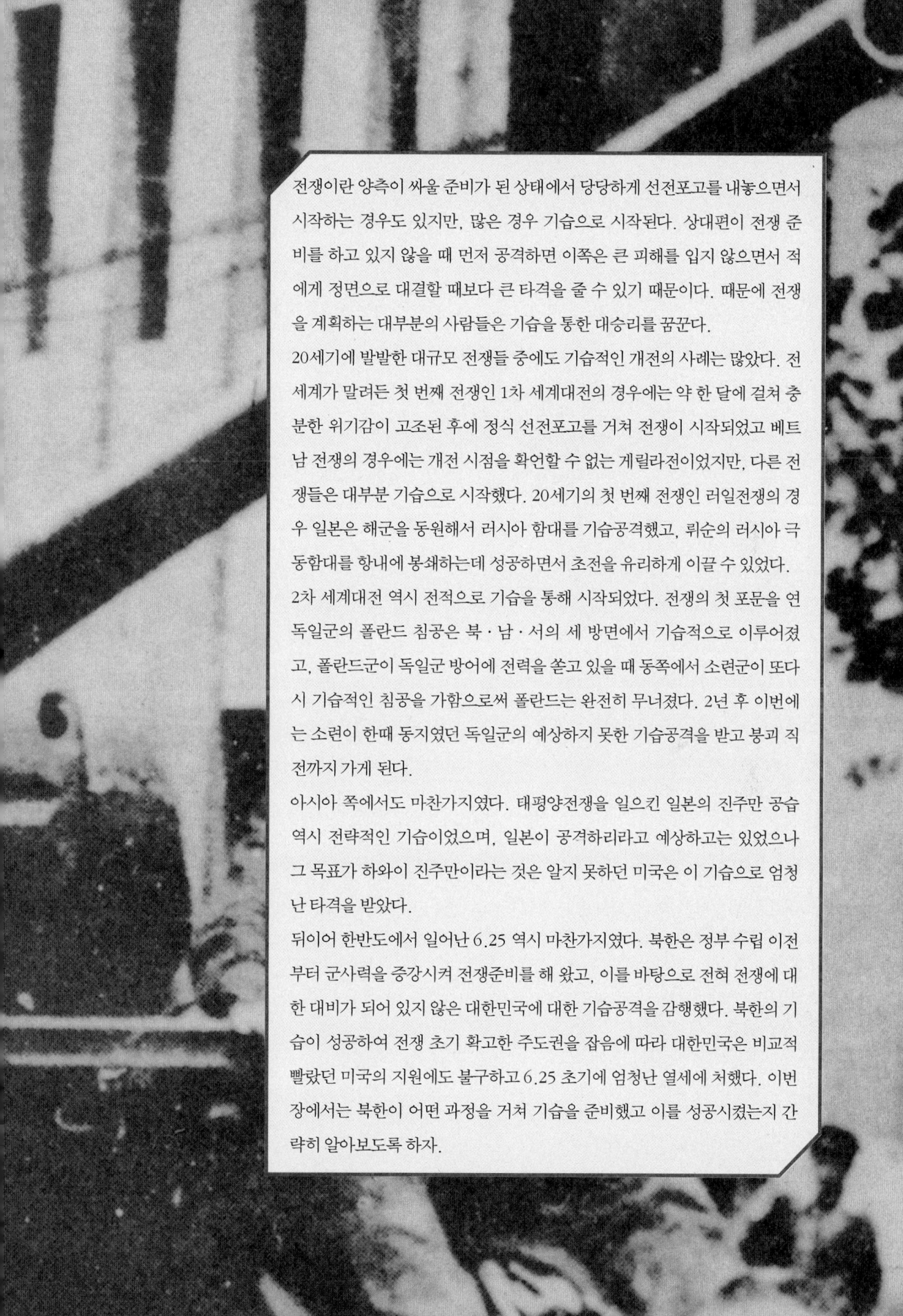

전쟁이란 양측이 싸울 준비가 된 상태에서 당당하게 선전포고를 내놓으면서 시작하는 경우도 있지만, 많은 경우 기습으로 시작된다. 상대편이 전쟁 준비를 하고 있지 않을 때 먼저 공격하면 이쪽은 큰 피해를 입지 않으면서 적에게 정면으로 대결할 때보다 큰 타격을 줄 수 있기 때문이다. 때문에 전쟁을 계획하는 대부분의 사람들은 기습을 통한 대승리를 꿈꾼다.

20세기에 발발한 대규모 전쟁들 중에도 기습적인 개전의 사례는 많았다. 전 세계가 말려든 첫 번째 전쟁인 1차 세계대전의 경우에는 약 한 달에 걸쳐 충분한 위기감이 고조된 후에 정식 선전포고를 거쳐 전쟁이 시작되었고 베트남 전쟁의 경우에는 개전 시점을 확언할 수 없는 게릴라전이었지만, 다른 전쟁들은 대부분 기습으로 시작했다. 20세기의 첫 번째 전쟁인 러일전쟁의 경우 일본은 해군을 동원해서 러시아 함대를 기습공격했고, 뤼순의 러시아 극동함대를 항내에 봉쇄하는데 성공하면서 초전을 유리하게 이끌 수 있었다.

2차 세계대전 역시 전적으로 기습을 통해 시작되었다. 전쟁의 첫 포문을 연 독일군의 폴란드 침공은 북·남·서의 세 방면에서 기습적으로 이루어졌고, 폴란드군이 독일군 방어에 전력을 쏟고 있을 때 동쪽에서 소련군이 또다시 기습적인 침공을 가함으로써 폴란드는 완전히 무너졌다. 2년 후 이번에는 소련이 한때 동지였던 독일군의 예상하지 못한 기습공격을 받고 붕괴 직전까지 가게 된다.

아시아 쪽에서도 마찬가지였다. 태평양전쟁을 일으킨 일본의 진주만 공습 역시 전략적인 기습이었으며, 일본이 공격하리라고 예상하고는 있었으나 그 목표가 하와이 진주만이라는 것은 알지 못하던 미국은 이 기습으로 엄청난 타격을 받았다.

뒤이어 한반도에서 일어난 6.25 역시 마찬가지였다. 북한은 정부 수립 이전부터 군사력을 증강시켜 전쟁준비를 해 왔고, 이를 바탕으로 전혀 전쟁에 대한 대비가 되어 있지 않은 대한민국에 대한 기습공격을 감행했다. 북한의 기습이 성공하여 전쟁 초기 확고한 주도권을 잡음에 따라 대한민국은 비교적 빨랐던 미국의 지원에도 불구하고 6.25 초기에 엄청난 열세에 처했다. 이번 장에서는 북한이 어떤 과정을 거쳐 기습을 준비했고 이를 성공시켰는지 간략히 알아보도록 하자.

1
전쟁 준비

해방과 남북대립

1945년 8월 15일, 일본이 2차 세계대전에서 패배하면서 한반도에는 마침내 해방이 왔다. 하지만 임시정부 대신 미군(남한)과 소련군(북한)이 북위 38도선을 경계로 한반도에 진주하면서 한민족은 분단에 직면하게 된다. 처음에는 두 나라 모두 일본의 항복을 받고 나면 한국인들이 국가를 세우게 해준다고 약속하고 있었지만 얼마 안 가서 냉전이 시작되면서 한반도에 단일정부를 세운다는 계획은 무산되고 말았던 것이다. 이 과정에서 처음에는 점령지를 나누는 단순한 경계선에 불과했던 38선이 정치적인 국경선이 되어 1948년 남북에 별도의 국가가 세워지게 되었다.

서로를 적대하는 두 세력이 양측에 자리잡자, 미군과 소련군이 직접 38선을 지키던 1948년 이전에는 없었던 쌍방의 무력충돌이 일어나기 시작했다. 미군과 소련군은 도로에 검문소를 설치했을 뿐 38선 전체에 철조망을 치거나 하지는 않았는데, 남북한 정부가 직접 경비를 맡기 시작하자 38선의 분위기는 급격하게 살벌해졌다. 양측은 도로에 위치한 검문소 대신 고지로 올라가 전투를 벌이기 위한 진지를 구축했으

일본의 항복으로 한반도 남부의 행정권을 넘겨받은 미군이 조선총독부 건물 앞에 게양된 일장기를 미국 성조기로 교체하고 있다. 1945년 9월 9일.

해방 직후인 1945년 9월, 개성 인근의 북위 38도 선상에서 만나 대화를 나누고 있는 미군 장교와 소련군.

며, 상대를 내려다 볼 수 있는 고지를 차지하려고 수시로 혈투를 벌였다.

남북 양측의 집계 숫자에 서로 차이가 있지만(그리고 서로 상대가 엄청나게 많이 쳐들어왔다고 주장하지만), 이런 충돌은 적게 잡아도 수백 회가 넘는다. 이때 38선에서 양쪽 군대는 기관총과 대포 등 중화기까지 동원하여 국지전 수준의 분쟁을 벌였으며, 한 번의 전투로 수백 명의 사상자가 발생하기도 했다. 육탄 십용사의 신화 같은 이야기는 이 때를 배경으로 한다.

이렇게 되자 남북 쌍방은 경쟁적으로 병력을 증강하고 무기를 확충했다. 이 과정에서 북한의 군사력은 질과 양 모두 압도적으로 남한을 능가하고 있었다.

냉전

남한과 북한이 서로 다른 이념을 내세우며 전쟁을 향해 달려가던 그 때, 유럽에서도 공산주의와 무력충돌이 벌어지고 있었다. 그리스에서는 1946년부터 주변 공산국가들의 지원을 받는 공산 게릴라와 영국, 미국의 지원을 받은 정부군이 내전을 벌였는데 이는 결국 5만 명의 희생자를 낸 후 1949년에 들어서 정부군의 승리로 끝났다.

북한의 군비 확충

북한에서는 정권 수립 한참 이전부터 체계적인 군사조직이 설치되었다. 북한을 점령한 소련군은 1945년 10월 21일자로 평안남도 진남포에서 2천 명 규모의 보안대를 창설했고, 이것이 북한 군사조직의 시초였다. 1946년 초까지는 북한 지역 전체에 보안대가 설치되어 치안유지와 시설경비를 담당했다. 인민군의 직접적인 모체가 된 것은 철도보안대였다. 1946년 1월 설치된 철도보안대는 북한 전역의 철도에 대한 보안업무를 맡게 되어 급속히 규모를 키워나갔다. 다음으로 각 도 보안대 및 철도보안대에 필요한 인원을 양성하기 위한 교육시설이 북한 각지에 들어섰다.

각급 교육부대에서는 곧 정규군을 양성하게 되었다. 새로 편성된 인민군의 중핵은 소련 및 중공군 출신의 군사경력자가 대부분이었으며, 소련군 장교들이 고문관으로서 붙어있었다. 이들은 초기에는 일본군 장비를 썼으나 곧 소련제 및 일부 자체 생산 무기로 장비를 교체했다. 해군과 공군도 잇달아 창설되었으며, 소련은 금이나 은 등 북한의 각종 광물이나 목재와 같은 천연자원을 대가로 받고 여기 소요된 장비를 공급하였다. 전차와 항공기 등 중장비는 대부분 1950년 초에 북한 측에 인도되었다. 소련이 북한에 제공한 각종 군사장비는 대개 2차 세계대전에서 소련군이 사용한 중고품이었으나 아직 충분히 쓸 수 있었고, 그것조차 없는 국군

철도를 통해 북한으로 수송되는
소련제 T-34 전차.
소련은 200대가 넘는
전차를 이렇게 북한에 제공했다.

에 비하면 엄청난 위력을 가지고 있었다. 단 소련은 북한이 원하는 것보다 절반 규모의 전차와 항공기만을 주었는데, 이는 북한이 너무 강해지면 일본까지 손을 대어 소련이 미국과 직접 대립하게 만들 가능성을 크게 우려했기 때문이다.

1950년 6월이 되자 인민군은 한국군의 2배 이상에 해당하는 군사력을 갖게 되었다. 육해공군의 병력은 19만8380명에 달하여 10만6000명이 채 안 되는 국군의 거의 두 배였다. 인민군의 우세는 양뿐 아니라 질에서도 압도적이어서, 국군에게 전무한 전차와 자주포를 400대 이상 가지고 있는가 하면 야포는 8배, 박격포는 2배 이상을 가지고 있었다. 그리고 이 포들 모두 국군이 가진 것보다 사정거리가 길었다.

이와 같이 국군에 비해 압도적인 군사력을 갖춘 북한은 6월 25일을 공격의 날로 정하고 6월 10일경부터 병력을 38선 일대에 집중시키기 시작했다. 하지만 압도적인 군사력 우세에 더하여 대한민국 정부 및 국군을 방심시켜 완전한 기습을 달성하기 위한 별도의 공작이 또 한켠에서 진행되고 있었다.

김일성이 북한 내에서 최초로 제작된 기관단총(PPSH-41 따발총)을 인민군 고위 지도자들에게 전달하고 있다.

소련을 방문한 김일성(왼쪽에 고개를 돌린 인물)과 박헌영(오른쪽에 안경 쓴 인물)이 기차역에서 소련군 의장대의 사열을 받고 있다. 스탈린으로부터 침공 계획을 승인받고 전쟁 물자 제공을 보장받기 위한 방문이었다.

위장평화공세와 심리전

앞에서 보았듯이 북한은 정권 수립 초기부터 무력으로 대한민국을 타도, 자신들만이 한반도의 유일 집권세력이 되기로 결심하고 전쟁 준비를 해오고 있었다. 이를 위해 북한 정권 및 그에 동조하는 세력들은 군대를 조직하여 남침 준비를 하는 한편으로, 국군의 전력 증강을 방해하기 위하여 대한민국 내에서 온갖 소요를 일으켰다.

국군 내부에 조직원을 들여보내 반란을 유발하는가 하면 각지에서 게릴라전을 벌여 국군 병력을 분산, 소모시키고 훈련을 방해했다. 남로당을 중심으로 한 각 지방에서의 봉기 이외에 월북자를 중심으로 북한에서 편성한 게릴라 부대를 계속 남파하여 대한민국 내부의 혼란을 확대시키고자 기도하였던 것이다. 또한 전쟁 준비가 다 갖추어진 1950년 6월에 접어들어서는 위장된 거짓 평화공세를 통하여 자신들이 무력을 행사할 의사가 없음을 밝히고 남측의 경계심을 누그러뜨리려 했다.

1950년 6월 8일, 북한의 '조국통일민주주의전선(약칭 조통) 중앙위원회 의장'인 김달현은 대남방송을 통하여 미국과 이승만 정권을 반민족세력으로 비난함과 동시에 8월 5일부터 8일에 걸쳐 유엔의 감시를 받지 않는 남북 총선거를 시행하여 8월 15일에는 서울에서 통일 입법기관을 수립하고 이를 바탕으로 통일정부를 수립하자고 제의하였다. 그러나 이는 유엔은 물론 대통령 이승만을 비롯한 대한민국 핵심 정치세력의 참여를 전혀 인정하지 않는다는 점에서 가치 있게 받아들일 만한 제안이 아니었으며, 대한민국 정부는 이틀 후인 10일에 곧바로 방송을 통하여 "대한민국은 한반도 유일의 합법정부이며, 유엔 감시하에서 행해지는 북한지역에서의 보궐선거만이 정당한 통일방법"임을 천명했다.

북한은 첫 제안이 거절당한 날인 10일에 또 다른 제안을 내놓았는데, 이번에는 통일 논의 대신 북한 제일의 민족지도자인 조만식 선생 부자와 남한에서 잡힌 김삼룡, 이주하라는 거물 간첩 두 사람을 교환하자고 했다. 김삼룡과 이주하는 공산주의자 조직인 남조선노동당의 핵심 간부로, 자신들의 지도자인 박헌영이 월북한 이래 그의 지령을 받아 대한민국 내에서 행해지는 공산주

조만식

1945년 10월 14일, 평양 XX운동장에서 소련군 관계자들과 함께 행사를 참관하는 조만식. 조선의 간디라고 불릴 정도로 유명한 인물이던 조만식은 조선민주당 위원장이자 북한에서 가장 영향력 있는 인사였으나 소련군에 협조하지 않아 경원시되었고, 결정적으로 모스크바 삼상회의에서 결정된 한반도 신탁통치를 반대한 것 때문에 모든 지위를 빼앗기고 1946년 1월 5일부터 소련군 당국에 의해 평양 고려호텔에서 연금 상태에 처해 있었다. 월남 제의도 받았으나 북한 동포들을 버려두고 갈 수 없다며 거절했고, 북한 당국 역시 김구 등의 요구에도 조만식을 내어주지 않았다. 이후 계속 연금되어 있다가 개전 직전 연막전술에 이용되었으며, 평양이 국군과 유엔군에 의해 함락되기 직전 북한 내무서원들에 의해 처형된 것으로 알려져 있다. 한편 조만식과 교환될 뻔 했던 김삼룡, 이주하 두 사람은 서대문형무소(현 서대문독립공원)에 수감되어 있다가 감시하던 요원들에 의해 남산까지 끌려왔으나 한강다리가 끊겨 도강할 수단이 없자 남산에서 처형되었다.

의 활동을 총괄하고 있었다. 그러던 중 정부의 수사망에 걸려 3월 말에 체포되었던 것이다.

대한민국 정부에서도 제의를 논의 끝에 교환을 받아들이기로 하고, 19일에 수락 의사를 밝힌 후 다음 날 두 사람을 데리고 38선까지 나갔으나 북한의 회답은 없었다. 다시 22일에는 "24일에 교환하자", 24일에는 "26일에 교환하자"고 방송으로 제의했으나 북한 측은 여전히 묵묵부답이었다. 사실 이들은 이 시점에 기동훈련을 명분으로 한 병력 집결을 이미 완료한 뒤였으므로 더 이상 대한민국 정부를 기만하기 위해 노력할 필요가 없었던 것이다. 조만식 선생의 송환에 대한 북한 측의 대답을 기다리는 대한민국 정부에게 북한이 보낸 것은 기습의 포성이었다.

대한민국의 부실한 대비

북한이 남침 준비를 착착 진행하고 있을 때, 남쪽에서는 거의 대비가 되어 있지 않았다. 북한의 침공에 대한 경고는 일찍부터 여러 경로를 통해 전해지고 있었으나, 이것이 심각하게 받아들여지지 않았던 것이다.

첫째, 당시 대한민국은 근본적으로 전쟁을 준비할 능력이 없었다. 나라는 가난하기 그지없고 한반도에 존재하는 산업시설은 절대다수가 북한 지역에 있으니, 정부 예산의 50% 가까이를 국방 예산에 쓰면서도 장병들의 식비와 봉급, 옷값도 충당하기 힘들었다.

둘째, 무기를 사올 돈도 없고 직접 만들 기술도 없으니 미국의 군사원조를 받아 모든 장비를 충당해야 하는데 미국은 한국의 무장을 잘 돕지 않았다. 2차 세계대전이 종결된 후 평화를 맞아 군비를 축소하고 있던 미국으로서는 한국군의 증강 및 유지에 돈을 들일 생각이 없었고, 한국군은 대한민국 내에서 경찰을 보조해 치안 유지에 동원할 정도의 전력만 가지고 있으면 충분하

당시 경찰은 일반 치안업무뿐 아니라 공비토벌, 반란군 진압, 38선 방어 등 군대가 할 역할까지 맡아서 수행해야 했다. 아래 사진은 1946년의 국립경찰 소집점호 광경.

토막상식 6.25 당시 인민군과 내무서원(경찰)은 계급장 색깔만 다를 뿐 똑같은 제복을 입었다.

다고 생각하고 있었다. 게다가 이승만 대통령을 비롯한 정부 및 군 수뇌부가 정치적 목적에서 수시로 북진통일을 외쳐댔기 때문에, 미국에서는 정말로 이승만이 북진통일을 하겠다며 북한을 침공해 전쟁을 일으키기라도 하면 큰 일이라고 여겨 더욱 한국에 무기를 주지 않았다.

셋째, 대한민국 내부는 무척 혼란한 상황이었다. 각지에서 일어난 좌익 계열의 무장봉기와 군 반란, 북한의 유격대 남파와 38선상의 충돌 및 간첩 소동 등은 대한민국이 그나마 가진 역량조차 북한의 침공 대비에 집중할 수 없게 만들었다. 국군은 보유한 병력을 38선에 집중시키지 못하고 상당수 후방에 배치해야 했고, 있는 병력을 제대로 훈련시킬 여유조차 없었다.

넷째, 반복된 경보에 따라 심리적 대비가 이완되었다. 군 및 정보계통에서는 1949년부터 침공이 임박했다는 경보를 수차례 내놓았지만 단 한 번도 현실화되지 않았고, 양치기 소년의 거짓말과 같은 효과를 내어 군과 사회의 경계를 느슨하게 만드는 결과만 낳았다. 결국 6월 초 내려졌던 비상경계령까지 24일 0시부로 해제하면서 전군의 3분의 1에 달하는 장병들을 농번기 휴가라 해서 내보냈으며, 주말을 맞아 그동안 제한되던 외출외박도 대규모로 시행되어 다수의 국군 일선부대는 정원의 절반도 차 있지 않은 상태였다. 이런 상황에서 1950년 6월 25일 일요일 새벽 4시, 전 전선에 걸친 인민군의 기습적인 포격으로 전쟁이 시작되었다.

여순사건 당시 군경에게 체포된 반란군 포로들. 줄줄이 묶인 채 트럭 이송을 기다리는 중이다.

특집

남침 작전 계획

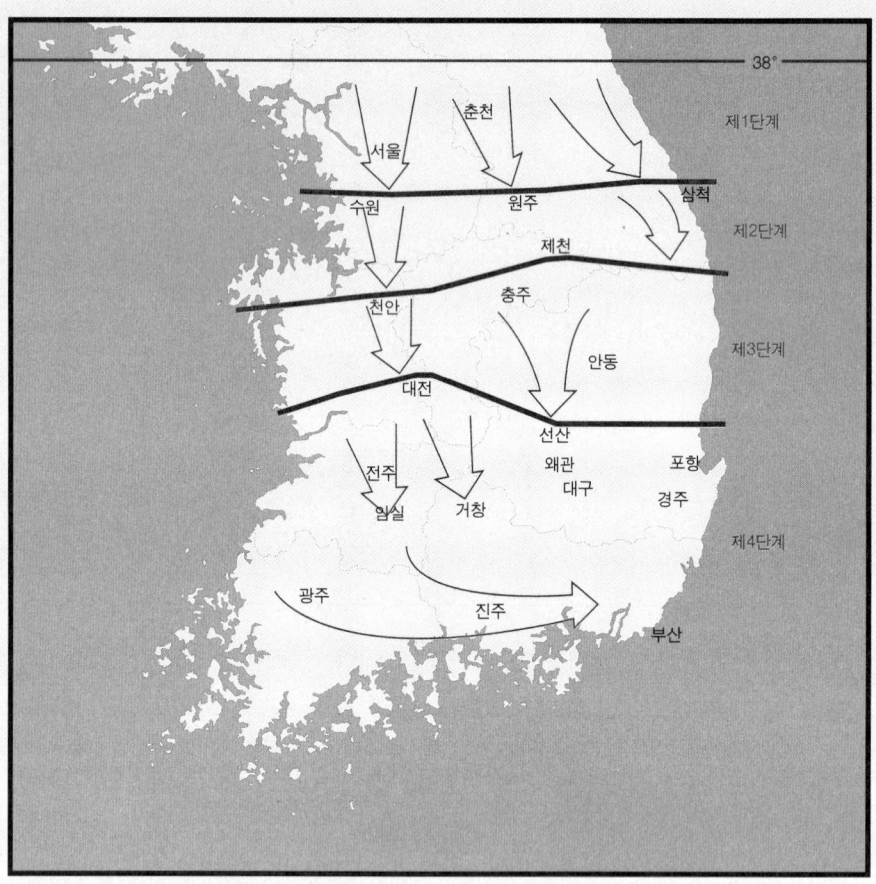

인민군 1군단은 의정부 및 개성 방면을 돌파, 서울을 직접 공격하는 모루 역할을 맡았다. 그리고 국군이 후방에서 증원되면 춘천 방면을 돌파한 2군단이 수원 방면으로 진격하여 국군의 후방을 차단, 한강선 일대에서 국군 주력을 포위섬멸할 예정이었다. 그 후에는 남쪽으로 쭉 전진하면서 국군 패잔병 정도만 소탕하면 개전 50일째가 되는 8월 15일 광복절까지 부산에 도달할 수 있으리라는 것이 북한 측의 계획이었다. 김일성은 부산에서 광복절 기념행사를 열 생각이었다.

인민군 편성

제1군단 김웅 중장

제1사단	제3사단	제4사단	제6사단	제13사단	제3경비여단	105전차여단	독립
구화리	운천	연천	계정	금천	최현 소장	연천	제17포병연대
최광 소장	이영호 소장	이권무 소장	방호산 소장	최용진 소장		유경수 소장	

제2군단 김광협 소장

제2사단	제5사단	제12사단	제15사단	제1경비여단	제603	제766	제945육전대	예비사단
화천	김창덕 소장	양구	화천	오백룡 소장	모터싸이클연대	상륙부대	성진	이방남 소장
이청송 소장		전우 소장	박성철 소장			원산,간성 오진우 총좌		

남북 군사력 비교

		육군		해군		공군		해병대	
인민군 병력	병력	182,680명		병력	4,700명	병력	2,000명		
	장갑차량	T-34 242대		경비정	30척	항공기	YAK-9, IL-10,		
		BA-64 등 장갑차 54대		해안포	다수		등 210대		
		SU-76 자주포 176대							
	곡사포	122mm 172문							
		82mm 380문							
	박격포	122mm 226문							
		82mm 1,142문							
		61mm 360문							
	대전차 화기	45mm 550기							
	고사 화기	85mm 12문							
		37mm 24문							
		14.5mm 고사기관총 다수							
국군 병력	병력	94,974명		병력	7,715명	병력	2,000명	병력	9,000명
	장갑차량	M8 장갑차 27대		경비정	28척	항공기	L-4 8대		
		M3 하프트랙 12대					L-5 4대		
	곡사포	105mm M3 91문					T-6 10대		
	박격포	81mm 384문							
		60mm 567문							
	대전차 화기	57mm 대전차화기 140기							
		2.36"로켓포 1900기							

2 | 작전 개시

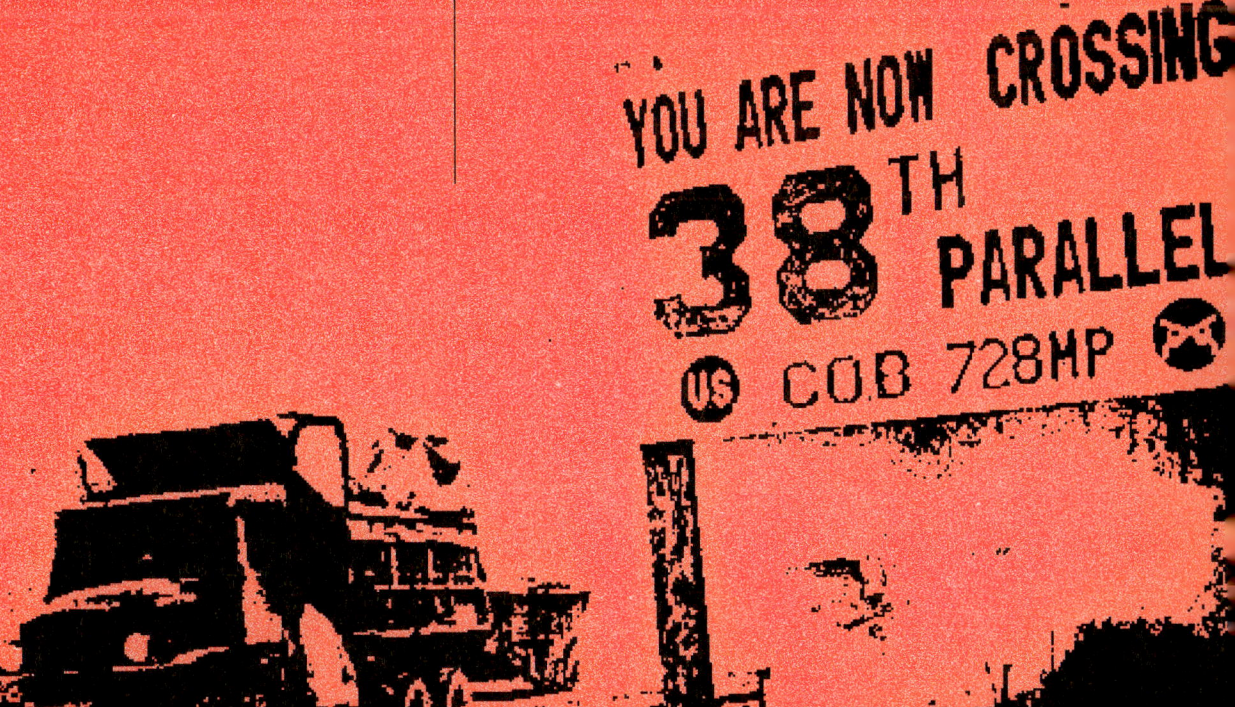

옹진 방면

황해도 옹진 지역은 38선 이남으로 당시에는 대한민국 통치하에 있었다. 하지만 3면이 바다로 둘러싸여 있어서 중앙에서 지원하기 곤란했으며, 이를 노린 북한 측의 공세도 치열해서 6.25 이전부터 충돌이 잦았다. 북한은 38경비여단에 의한 공격 외에도 게릴라를 침투시켜 옹진에서 남측의 통치를 붕괴시키려고 기도했으며, 국군도 38선 이북으로 공세를 가하기도 했다. 이런 실정 탓에 옹진에 배치된 백인엽 대령의 17연대는 육군본부의 비상경계령 해제에도 불구하고 경계태세를 유지하고 있었다.

개전 당시 17연대는 3300여 명의 병력과 곡사포 1개 대대, 대전차포 1개 중대로 경찰 및 주민조직과 협력하여 방어에 임하고 있었다. 그러나 북한이 38경비여단을 주력으로 한 1만1000명에 달하는 병력과 다수의 야포, 자주포 및 장갑차 등을 동원하여 공격하자 여지없이 패하고 말았다. 배수진을 친 국군들은 최선을 다해 적의 침략에 저항했으나 병력과 장비의 절대적인 열세는 어떻게 할 수가 없었다.

결국 17연대는 하루만에 옹진반도의 방어를 포기하고 26일 중에 중장비를 파기하고 배로 바다를 건너 인천으로 철수하였다.

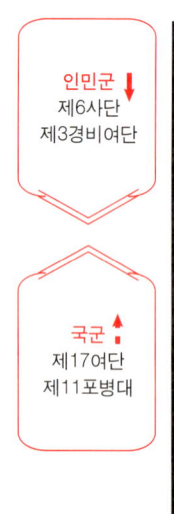

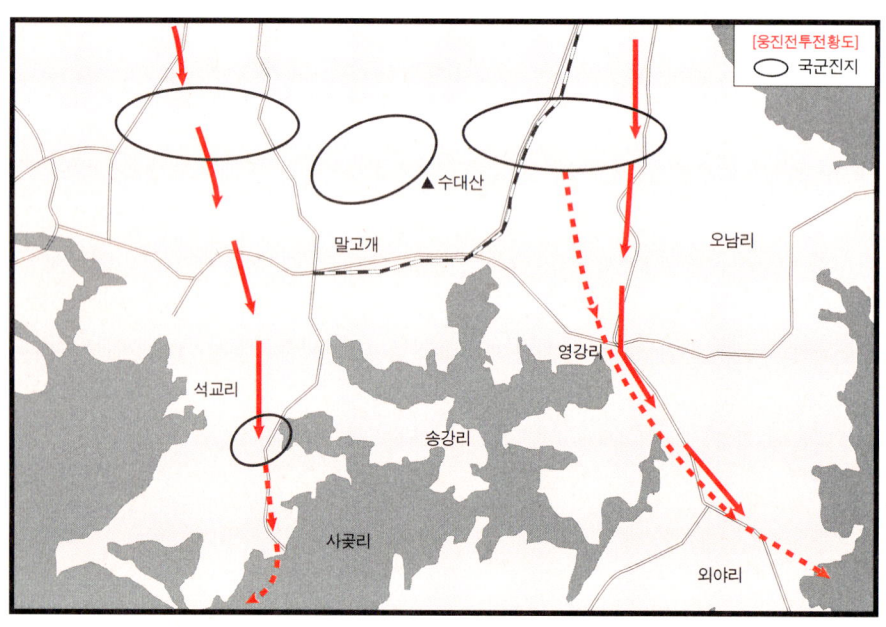

개성 방면

개성 방면의 국군은 백선엽 준장의 1사단이었다. 1사단은 보병 3개 연대 및 곡사포 1개 대대, 대전차포 3개 중대를 가지고 있었으나 비상이 해제된 탓에 병력의 3분의 1은 휴가, 나머지 3분의 1은 외출·외박중이었다.

여기에 사단장은 시흥에서 교육을 받느라 14일부터 부재중이었고, 대부분의 차량과 포 등 많은 장비가 육군본부의 명령에 따라 후방에서 정비중이었다. 선임 연대장은 24일 밤에 육군본부가 용산에서 주최한 장교클럽 낙성식에 갔고, 다른 1명은 외출하여 사단에는 연대장이 1명 뿐이었다.

1사단은 이와 같은 상태에서 26대의 전차와 다수의 대포를 동반한 2개 사단의 적에게 기습을 받았다. 곧 귀환한 사단장의 지휘하에 경찰과 힘을 합쳐 최선을 다해 싸웠지만 병력 및 화력이 턱없이 부족했고 전차를 파괴할 수단도 없었다. 개전 당일 개성을 빼앗겼으며, 임진강 다리를 폭파해 인민군의 전진을 멈추려던 시도와 특공대를 편성하여 적 전차에 대해 감행한 근접 공격도 모두 실패했다. 육군본부가 일부 지원 병력을 보내주었지만 전세를 뒤집기에는 역부족이었다. 1사단은 교전을 계속하면서 행주 방향으로 후퇴, 6월 28~29일에 걸쳐 한강을 건넜다.

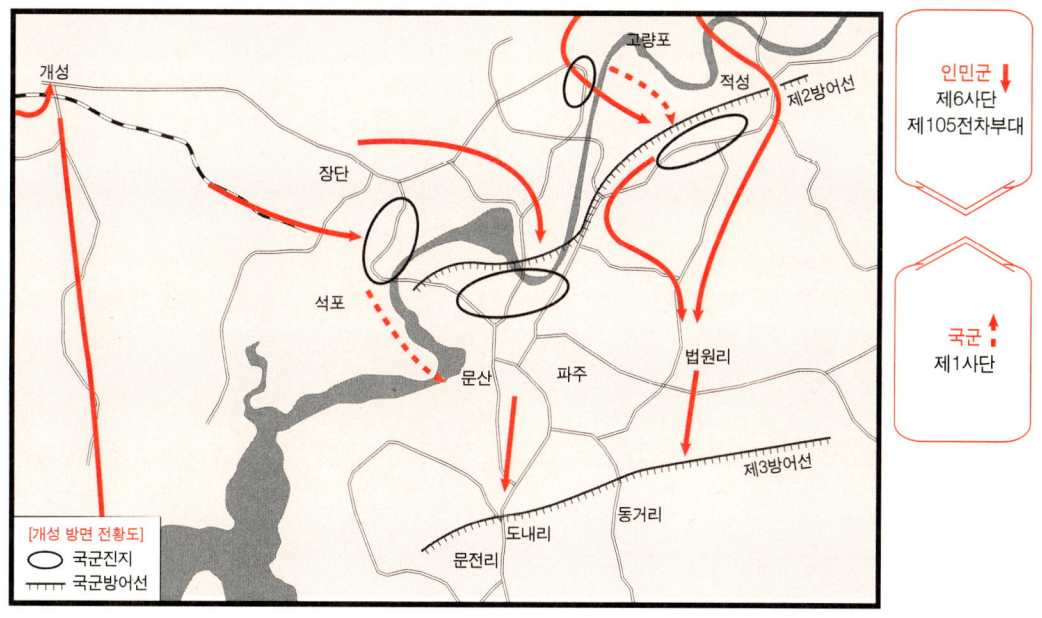

동두천 방면

동두천 방면의 국군 7사단장은 유재흥 준장이었는데, 휘하 1개 연대가 수도경비사령부로 전속되어 단 2개 연대만 전선에 있었다. 게다가 7사단 역시 비상경계령 해제로 휴가, 외출, 외박으로 병력이 빠져나가 불과 4500명밖에 없었고, 많은 장비가 수리차 후방으로 간 데다 방어축성도 제대로 못한 상태였다. 그러나 인민군은 동두천―의정부―미아리로 통하는 이 축선에 주력부대를 투입하고 있었다. 이쪽 전선의 인민군 3사단과 4사단은 중공군 및 소련군 출신의 전투경험자가 다수 포진한 정예부대로, 전차 93대 및 북한이 보유한 전 포병의 3분의 1이 이들을 지원하고 있었다. 완전히 기습당한 데다 전력에서 비교가 되지 않는 7사단은 속수무책으로 무너졌다.

육군본부는 7사단의 패퇴가 치명적이라고 판단하고 수도경비사령부로 전속되었던 3연대를 복귀시키는 한편 후방에서 불러올린 2사단 병력을 7사단 구역에 집중하여 방어선을 유지함과 동시에 역습을 가하려 했다. 일부 반격이 성공하여 동두천을 되찾았으나 때는 이미 인민군이 의정부를 점령한 뒤였으므로 동두천을 고수해 봐야 적진에 고립될 뿐이었다. 결국 7사단은 동두천에서 의정부를 우회하여 서울 방면으로 후퇴하였다.

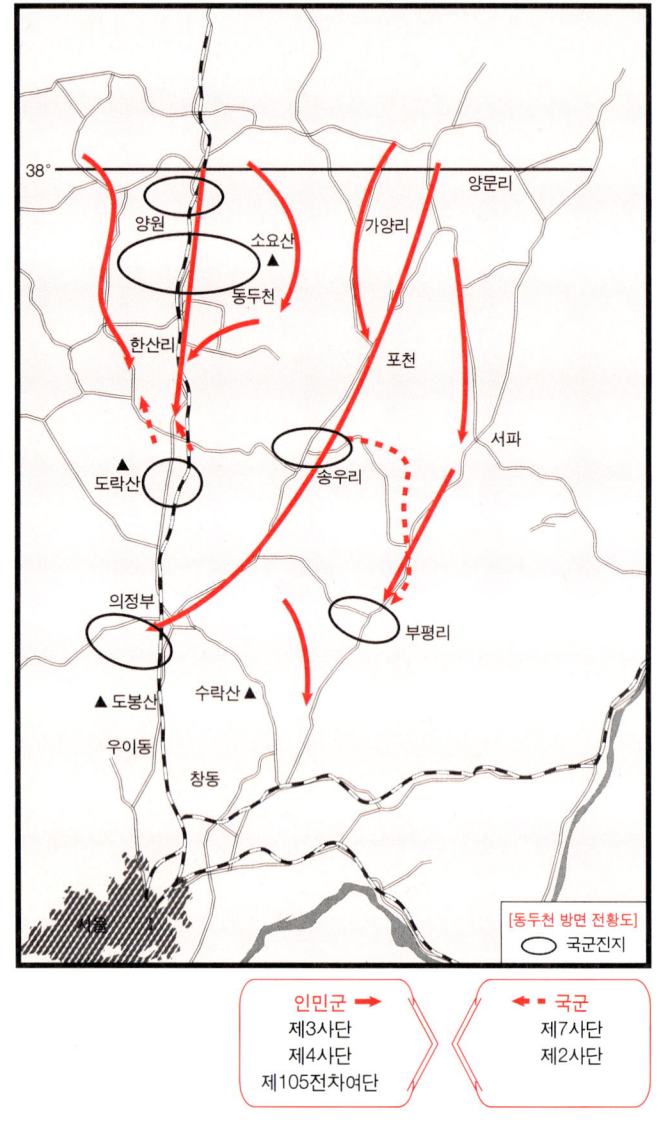

[동두천 방면 전황도]
○ 국군진지

인민군 →
제3사단
제4사단
제105전차여단

← 국군
제7사단
제2사단

춘천 방면

춘천 방면의 국군 6사단장 김종오 준장은 육군본부의 비상경계령 해제에도 불구하고 비상을 유지했다. 그러나 병력이 9338명밖에 없었으므로, 3개 보병사단과 1개 모터사이클 연대 등 3만 7000명에 달하는 인민군에 비해 압도적인 열세(포병은 5:1)는 어쩔 수 없었다. 하지만 이쪽 방면의 인민군은 전차가 없었고, 강원도 지역의 험준한 지형과 철저한 준비 덕분에 6사단은 성공적인 방어전을 수행할 수 있었다.

인민군은 포병의 지원을 받는 선봉 2개 사단이면 6사단을 간단히 붕괴시킬 수 있다고 생각했다. 전선이 돌파되면 1개 사단을 추가투입하고 모터사이클 연대를 양평—이천—수원 방면으로 진격시켜 서울 주변의 국군 주력을 통째로 포위할 계획이었으나 6사단에 의해 이런 모든 계획이 수포로 돌아갔다.

6사단의 분전으로 인민군은 총 7000여 명에 달하는 사상자를 냈으며, 자주포 18문 등 막대한 양의 장비를 잃은 데 비해 6사단은 400여 명의 사상자를 냈을 뿐이었고 장비 손실도 그다지 많지 않았다. 그러나 의정부 전선이 돌파되어 서울이 함락되는 등 서부전선의 방어가 무너지자, 6사단 역시 포위되는 것을 피하고 전선의 균형을 맞추기 위해 상부의 지시에 따라 충주로 후퇴하였다.

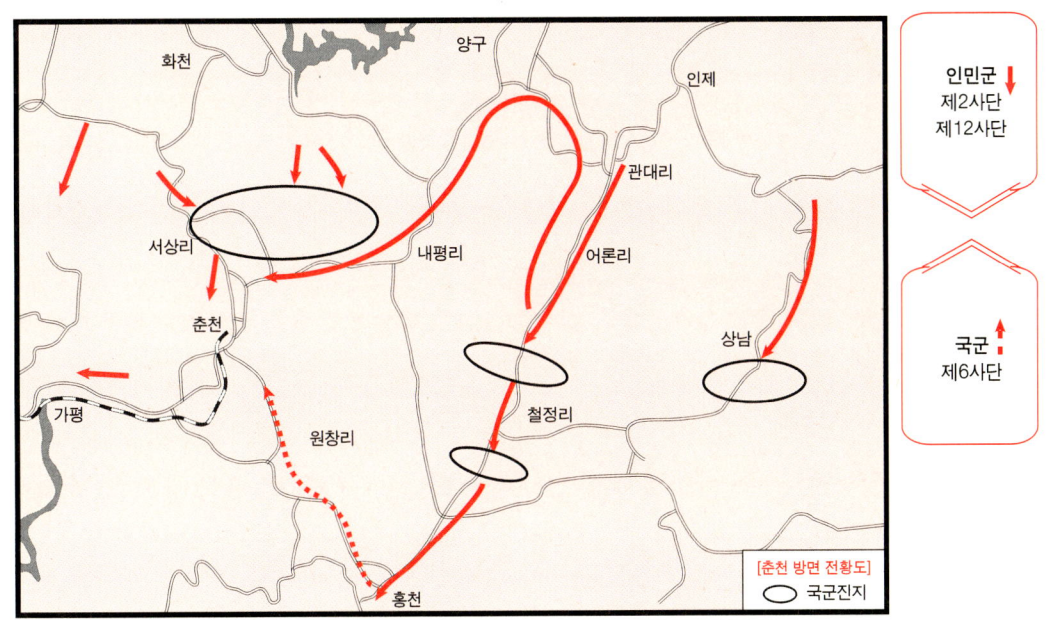

[춘천 방면 전황도]
◯ 국군진지

동해안 방면

동해안 강릉 방면에는 이성가 대령의 8사단이 있었다. 그러나 8사단은 타 사단과 달리 예하에 2개 연대밖에 없어 병력이 7000명 가량에 불과했고, 태백산맥의 게릴라 소탕을 주임무로 맡고 있었기 때문에 그나마도 분산되어 있었다.

이쪽의 인민군도 38경비여단을 주축으로 한 1만4000명으로, 다수의 야포 및 자주포의 지원을 받고 있었다. 또한 바다를 통해 유격부대를 배후에 상륙시킬 계획도 있었다. 이들은 분산된 8사단의 병력 집중을 방해함과 동시에 사단에 대한 포위작전을 펼칠 예정이었다.

8사단 역시 6사단과 마찬가지로 장병들의 외출, 외박을 제한하고 인민군의 공격에 대비하고 있었던 바 적은 병력에도 불구하고 성공적인 방어를 수행할 수 있었다. 적의 정면 공격에도 전선을 유지하며 천천히 철수했고, 해안선에 상륙하는 게릴라에 대해서도 포격으로 격퇴하거나 맞서 싸워 버텼다. 하지만 압도적인 전력의 열세는 어쩔 수 없었고, 결국 27일에는 강릉을 포기하고 대관령으로 철수해야 했다.

이날 전선의 균형을 맞추기 위해 원주로 철수하라는 육군본부의 명령을 받고서는 철수를 거부하고 태백산맥에서 유격전을 벌이겠다고 하기도 했지만, 결국 29일에 제천으로 철수하였다.

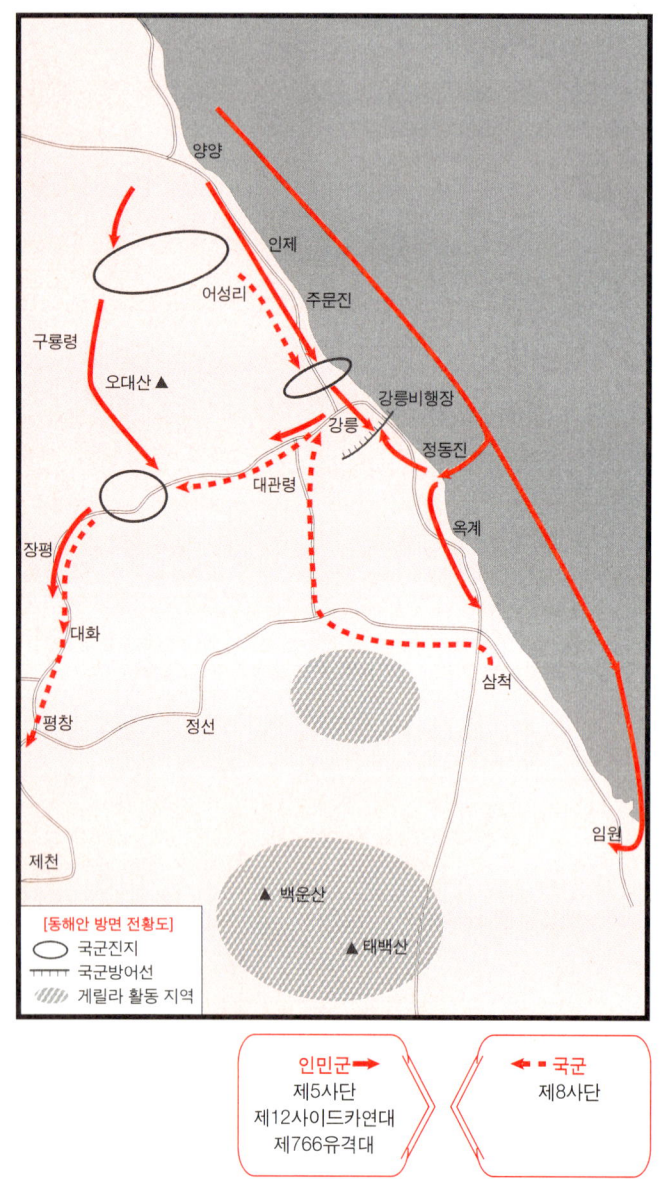

[동해안 방면 전황도]
○ 국군진지
ㅜㅜㅜ 국군방어선
▨ 게릴라 활동 지역

인민군 ➡
제5사단
제12사이드카연대
제766유격대

⬅ 국군
제8사단

부산 방면

8사단의 사례에서 보듯 인민군은 동해안 각지에 유격대를 상륙시켜 후방을 교란하려 했다. 그 중 일부는 부산을 향했는데, 이들은 외부의 자원이 들어올 수 있는 사실상 유일한 항구인 부산항을 직접 공격할 계획이었다. 부산항의 기능을 마비시켜 이곳을 통해 이루어질 한국에 대한 지원을 차단하려고 했던 것이다.

하지만 한국 해군도 적의 공격에 대응하기 위해 출동 가능한 함정을 모두 내보낸 상태였다. 25일 낮에는 남북 양측의 함정들이 교전을 벌여 북측 상륙정 1척이 격침되었으며, 이날 밤에는 당시 한국 해군 최대의 전투함정이었던 PC-701 백두산함(만재배수량 450톤)이 600명의 유격대를 태운 인민군의 1000톤급 무장 수송선을 부산에서 세 시간 정도 걸리는 고리 앞바다에서 발견하였다. 곧바로 치열한 포격전이 벌어졌으며, 밤새 이어진 교전 끝에 백두산함이 26일 새벽 1시 30분경 적선을 격침시킴으로써 부산항을 지킬 수 있었다.

만약 이 해전이 없었다면 한국은 초전에 패했을 가능성이 컸다. 혹시 600명의 게릴라가 무사히 무방비상태의 부산에 돌입했다면 부산은 그대로 함락되었을 것이고, 개전 직후부터 부산으로 들어오기 시작한 미군의 물자와 병력도 차단되었을 것이기 때문이다.

미국에서 한국으로 오는 항해 도중 하와이에서 함포를 장착하는 백두산함

특집

전쟁에 대한 UN의 결의

북한의 한국 침공에 대한 사실이 유엔에 알려진 것은 개전 당일 서울에 주재하고 있던 유엔 한국위원단의 라디오 방송을 통해서였다. 한국위원단은 즉각 정전과 통일 문제에 대한 양측의 평화적 협의를 촉구했으나 이에 대한 호응은 없었다.

개전 소식을 알게 된 뉴욕에서는 안전보장이사회가 그날로 즉시 소집되었으며, 북한의 침공이 선전포고를 동반하지 않은 불법 공격임을 명시한 한국위원단의 정식 보고서도 개회 직전 도착했다. 또한 북한의 전면 침공을 강조한 주한미국대사 무초의 상세한 전황보고가 미국 정부에 도착함으로써 한반도에서 일어나고 있는 사태가 명확해졌다.

이날 미국의 주도로 진행된 안전보장이사회는 북한의 행위를 불법적인 침략으로 규정하여 즉시 38선으로 물러날 것을 요구하고, 각 회원국은 북한을 지원하지 말 것을 요구하는 결의안을 채택하였다. 그러나 5개 상임이사국(미, 영, 프, 소, 중) 중 유일하게 반대할 가능성이 있던 소련이 불참한 탓에 반대표는 전무, 유고슬라비아(비상임 이사국) 단 1개국이 표결에서 기권했을 뿐이었다. 이때 소련은 중화민국(현 대만)이 가진 상임이사국 지위를 내전에서 승리한 중화인민공화국(현 중국, 이하 중공)에게 넘겨야 한다고 주장하면서 6개월 째 안전보장이사회 석상에 불참하고 있었다.

만약 이날 소련이 참석하여 상임이사국으로서 거부권을 행사했다면 유엔의 결의는 통과될 수 없었고 대한민국은 국제사회의 공동 지원을 받기 힘들었다. 그러나 유엔 사무총장의 권유에도 불구하고 소련 대사는 참가하지 않았고, 한국을 지원하자는 안건은 쉽게 통과되었다. 다만 스탈린은 훗날 이 문제에 대해서 "미국의 주의를 유럽에서 돌리기 위해" 의도적으로 한반도의 전쟁이 커지도록 조장했을 뿐 의도적으로 북한을 버린 것이 아니라고 주장했다.

그러나 안전보장이사회의 결의에도 불구하고 북한은 소련 및 중공의 참여 없는 유엔 결의는 인정할 수 없다고 하면서 남진을 계속했다. 이에 유엔 안전보장이사회는 국제사회의 보다 적극적이고 직접적인 행동을 촉구하는 긴급결의안을 6월 27일자로 미국의 주도하에 통과시켰다. 이 결의안의 유일한 반대국은 역시 유고슬라비아로, 소련은 여전히 표결에 불참하고 있었다.

이날의 안전보장이사회 결의에 따라 6월 30일까지만도 영국, 오스트레일리아, 뉴질랜드, 캐나다, 네덜란드 등이 잇달아 파병 의지를 표명하면서 이들을 통합하여 지휘할 통합사령부가 편성되었다.

북한의 남침으로 인해 한국전쟁이 발발하자
유엔은 이를 불법 침략으로 규정했다.
북한의 침략을 저지하기 위해서
유엔의 이름으로 군대를 파견해야 한다는
안건에 대해서 찬반 여부를 놓고
표결에 들어간 유엔 안전보장이사회.

3 | 서울 함락

혼란스러운 대응

전날 밤 파티 때문에 완전히 마비되었던 육군본부가 작전 지도를 간신히 시작한 것은 7시쯤이었다. 그러나 참모 총장 채병덕 소장부터 술에 취해 곯아떨어져 있었고, 상당수 참모 및 주요 지휘관들이 부재중이었다. 뒤늦게 일어난 채병덕은 긴급 국무회의에서 북한이 이주하, 김삼룡 때문에 남침했다고 주장하고 국군의 전력을 과장하여 정부가 바른 판단을 내리지 못하게 만들었다.

한편 매스컴은 혼란만 유발했다. 25일 7시의 첫 KBS 보도는 "북한이 쳐들어왔으나 국군이 잘 버티고 있다."고 사실이 아닌 소식을 알렸으며, 낮에는 전선이 붕괴 직전인데도 38선을 넘어 반격한다고 전과를 과장했다. 26일엔 내일 미군이 온다고 허위보도를 해서 실망감만 맛보게 만들기도 했다.

개전 다음날인
1950년 6월 26일
월요일자 동아일보.
전황을 바르게 보도하지 못하고
해주를 함락했다느니
곧 미군이 온다느니 하는 내용의
잘못된 기사가 잔뜩 실려 있다.

서울 고수 문제

전면 남침이 분명해지자 채병덕은 후방의 3개 사단으로 반격하려고 했지만 많은 원로 장군들은 포기를 권했다. 후방의 병력이 모일 때까지 전선 유지가 불가능하고, 서울에서 시가전을 벌일 경우 시민들의 피해가 막대할 뿐 아니라 그 준비도 안 되어 있었다. 게다가 적 전차를 파괴할 수단도 없었다.

때문에 원로들은 한강 남쪽에 방어선을 구축하고 미군의 지원을 기다리자고 제안했으나 채병덕은 서울 수호에 대한 대통령의 의지를 방패삼아 이를 무시한 후 반격을 결정했다. 그러나 전

고전중인 의정부 전선을 시찰하는 육군참모총장 채병덕 소장.

황 악화에 따라 정부는 27일 아침에 수원 이전을 결정했고, 대통령 이승만 역시 새벽에 기차로 서울을 떠나고 있었다. 정부 이전에 동요하는 시민들을 진정시키고자 방송국은 정부 이전 취소를 알렸고, 이를 믿은 시민들은 피난의 기회를 잃게 되었다.

수원비행장에서 무쵸 주한미국대사 (안경 쓴 인물) 일행과 회견중인 이승만 대통령 (모자 쓴 인물).

인민군의 서울 진입

개성 방면의 1사단은 지연전을 벌이며 천천히 후퇴, 임진강에서 인민군을 저지했으나 의정부 방면은 7사단 외에 2사단과 5사단을 추가로 투입했음에도 밀려났다. 전차를 저지할 수단이 없는 데다, 지원군이 축차투입으로 소모되고 부대가 마구 뒤섞여서 효율적인 지휘를 할 수 없었던 탓에 제대로 전력을 발휘하지 못한 것이다.

국군은 이런 상황에서도 반격하여 동두천을 일시 회복했으나, 인민군 선두가 이미 의정부를 함락시켰으므로 다시 철수하여 창동, 미아리 일대에 방어선을 구축하였다. 그러나 병력 및 화력의 열세로 인해 27일 자정 쯤에 인민군 전차가 국군의 미아리 방어선을 돌파하였다.

서울 함락 후 자랑스럽게 세종로를 행진하는 인민군 전차.(상) 당시 서울 시내를 운행하던 시가전차에 인민군의 서울 점령을 축하하는 현수막과 꽃장식, 북한 인공기가 걸려있다.(하)

한강교 폭파와 한강 방어선

28일 0시 전후에 시내로 진입한 인민군 전차 및 유격대는 핵심 시설을 차례로 점거했다. 이에 채병덕의 명령에 따라 2시 30분에 한강 철교와 인도교가, 4시에는 광진교가 폭파되었다. 이는 인민군의 도강을 막기 위해 꼭 필요한 조치였으나 800명 이상의 인명피해가 났고, 서울 시민의 피난길을 막아버렸다. 게다가 폭파를 너무 서두른 탓에 아직 한강 북쪽에서 전투중인 국군의 퇴로까지 끊어버렸다. 이로 인해 대부분의 부대가 와해되어 막대한 병력 및 보유하고 있던 대부분의 중장비를 상실했다. 일부 국군 병력은 남산 등지에서 최후까지 저항하였으나 오전 중에 전멸하고 인민군이 서울을 점령하였다. 이후 국군은 철수해 온 각 사단의 잔여 병력을 재편성하여 한강선 방어에 나서게 되었다.

한강교 폭파 책임 논란

현장에서 발생한 막대한 인명피해는 물론, 지나친 조기폭파로 국군의 전력에 큰 손실을 끼친 탓에 사건 직후부터 이 사건의 책임자에 대한 처벌 요구가 있었다. 당시 군법회의는 직접 폭파명령을 내린 공병감 최창식 대령에게 그 책임을 물어 사형을 언도했으나 최 대령은 채병덕 참모총장의 명령에 따랐을 뿐이므로 자신은 책임이 없다고 주장하였다. 하지만 채병덕이 이미 전사하여 그 주장을 입증하지 못하고 1950년 9월 21일에 총살되었다.
그러나 최 대령의 미망인은 남편의 억울함을 풀어달라며 14년 뒤에 항소하였고, 법원은 과거의 재판에 무리가 있었다는 것과 상관의 명령에 의한 폭파였음을 인정하여 무죄를 선고하였다.

한강 남쪽에 기관총을 설치하고 경계 자세를 취하고 있는 국군.

특집

전차_ 전쟁 최고의 무기

T-34/85

6.25 초기, 남북 양군을 통틀어 최강의 위력을 발휘한 무기는 인민군의 T-34/85 전차였다. 5명의 승무원이 탑승하고 1문의 주포와 2정의 7.62mm 기관총을 장착한 32t의 이 전차는 구소련이 개발하여 2차 세계대전에 투입했던 장비로, 처음에는 76.2mm 주포를 장착하고 있었으나 대공포를 개조한 85mm 전차포를 달고 나서는 독일군 최강의 쾨니히스티거 전차조차 가까운 거리에서는 격파할 수 있는 위력을 가지고 있었다. 피탄경사각을 반영하여 설계된 포탑과 장갑의 구조로 인하여 방어력도 매우 높았다. 소련은 2차 세계대전 기간 및 그 직후에 걸쳐 8만 4000대가 넘는 T-34 시리즈를 생산했다.

남침을 결심한 김일성의 전차 지원 요청을 받은 스탈린은 요구량의 절반인 242대를 북한에 팔았다. 당시 국군은 정찰용으로 쓰는 장갑차(M8) 27대와 병력수송용 장갑차(M3) 12대가 있을 뿐, 단 한 대의 전차도 없었고 인민군의 전차를 부술 만한 대전차무기도 없었기 때문에 북한의 T-34전차에 대해 속수무책이었다. 미군 역시 큰 곤란을 겪었다.

M46 패튼(Patton)

한반도에 처음 도착한 미군은 북한의 전차에 대한 잘못된 정보를 가지고 있었던 데다가 전력 자체가 부족했기 때문에 충분한 대전차무기를 가져오지 않았다. 미군 선발대가 가지고 있던 무기인 75mm 무반동포나 M24 경전차는 T-34에 대해 무력했으며, 이로 인해 미군 역시 혼란에 빠졌다. 그러나 신형의 3.5인치 바주카포와 대전차지뢰, T-34와 맞설 수 있는 주력전차들이 들어오고 공군의 항공지원이 본격화되면서 인민군 기갑부대는 급격히 약화되었다. 미군 전차병들은 숙련도가 높아 M4와 같은 성능이 떨어지는 전차로도 인민군 전차에게 승리할 수 있었으며, 그보다 뒤에 개발된 M26 퍼싱 전차는 강력한 90mm 주포와 두꺼운 장갑으로 여유있게 T-34를 상대할 수 있었다. 하지만 퍼싱은 2차 세계대전 말기에 급하게 개발하느라 구동 계통에 결함이 있었고, 1951년까지 전량이 보다 신형인 M46 패튼 전차로 교체되었다. 그 외에 영국군도 센튜리온, 크롬웰 등의 전차를 한국에 가져왔으나 이 시점에서는 공산군의 전차가 거의 나타나지 않았기 때문에 전차들은 거의 보병지원을 위한 자주포로 운용되었다.

국군의 총기

국군

M1 개런드

미국에서 개발한 클립 장전식의 8연발 반자동 소총이다. 구경은 0.30인치(7.62mm)이며 길이는 110.7cm, 무게는 5kg. 1933년에 개발 완료 후 실전 배치가 시작되었다. 국군에서는 1947년에 처음 미군으로부터 인수하여 베트남전까지 사용하였다.

M1/2 카빈

미국에서 개발한 탄창 장전식의 30연발 소총이다. M2는 자동사격이 가능하며 길이와 무게가 90cm, 2.4kg으로 가벼워서 장교나 비전투원의 호신용 무기로 많이 쓰였다. 개런드와 구경은 같지만 서로 다른 총알을 쓴다.

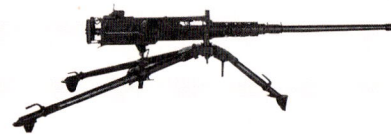

M2 브라우닝

0.50인치(12.7mm)의 탄환을 사용하는 중기관총이다. 총만 해도 38kg, 삼각대를 포함하면 58kg이나 나가는 무거운 총이라서 보병이 휴대하기보다는 진지방어용이나 전차나 장갑차, 지프, 전투기 등에 장착하는 용도로 쓰였다.

M1919A4

수랭식인 M1917을 가볍게 만든 14kg의 공랭식 경기관총. 들고 다니기는 편해졌으나 냉각 효과가 떨어져서 오래 사격할 수 있는 능력은 떨어졌다. 탄띠식이며 사용하는 탄환은 개런드와 같다.

인민군

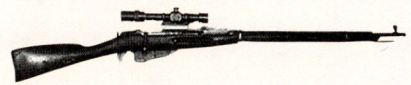

모신-나강

북한에서는 아식 보총(러시아식 보병총)으로 부른다. 구경은 M1과 같은 7.62mm지만 사용하는 탄환은 다르며, 길이도 128.7cm(중량 4kg)으로 더 길다. 5연발의 볼트액션 소총으로, 1891년부터 러시아에서 생산되어 2차 세계대전까지 쭉 쓰인 총이다. 사진의 총은 저격용으로 쓰였기 때문에 스코프가 붙어 있다.

PPSH-41

일명 따발총. 핀란드가 개발한 수오미 기관단총의 영향을 받아 구소련이 생산한 기관단총이다. 35발만 들어가는 상자형 탄창도 있었지만 인민군은 71발 들이 원형 탄창을 많이 사용했다. 북한은 전쟁 전 이 총을 자체생산하기도 했다.

DP-28 데그차레프 경기관총

탄띠가 아니라 47연발 탄창을 쓰는 공랭식 기관총. 보병이 휴대하기 좋도록 9.12kg의 가벼운 무게로 만들었다. 사용하는 탄환은 모신-나강과 같다.

SG-43 고류노프 중기관총

탄띠를 쓰는 공랭식 중기관총. 총 자체는 13.8kg 밖에 안 되지만 바퀴 달린 받침대에 얹으면 41kg에 달했다. 사용하는 탄환은 모신-나강과 같다.

II _ 한강에서 낙동강까지
지연전

전투에서 패배한 군대는 전멸하거나 후퇴하게 마련이다. 하지만 어떻게 후퇴하는가에 따라 다음 전투에서의 양상은 판이하게 달라질 수 있다. 부대가 와해되지 않고 질서를 지킨다면 한번 패한 뒤에도 다음 전투에 다시 나설 수 있지만, 전멸하지 않더라도 겁에 질려 산산이 흩어진 부대는 쉽게 다시 모을 수 없다. 만사를 포기한 것이 아니라면 패배 국면에서도 차후의 반격을 위하여 남아있는 전력을 아껴두는 것이 중요하며, 때문에 질서정연한 후퇴는 승리만큼 중요하다.

명백히 적보다 전력이 열세일 때도 무조건 전선 사수만 주장하며 후퇴하지 않으면 성과 없이 전멸할 뿐 차후의 전쟁 수행에 아무 도움이 되지 않는다. 실제로 2차 세계대전에서 독일군의 기습을 받은 소련군은 스탈린의 진지고수 명령 때문에 후퇴하지 않고 버티려고 했다. 하지만 전선에 구멍을 뚫고 후방으로 우회한 독일군에게 곳곳에서 포위되어 1941년에만 수백만에 달하는 막대한 인명손실을 입었으며, 독일군 역시 전쟁 후반기에는 점령지에 대한 히틀러의 욕심 때문에 똑같은 고난을 겪게 된다. 이에 반해 1812년 나폴레옹의 침공을 받았을 때의 러시아군은 광활한 국토를 이용하여 효과적인 지연전을 펼침으로서 침략군을 소모시키고 반격을 위한 힘을 비축, 적절한 시기에 반격을 가함으로써 프랑스군을 섬멸한 역사가 있다.

이 과정에서는 당연히 무조건 물러서기만 해서는 안 된다. 지연전의 궁극적인 목적은 반격 준비가 될 때까지 시간을 끄는 것이므로, 아군의 피해를 크게 내지 않고 적의 전진을 멈출 수 있는 강이나 골짜기, 도시와 같은 지형지물을 적절히 이용해 지속적으로 견제작전을 벌이는 것이 승리의 비결이 된다. 이런 지형에서는 소수의 방어군으로도 효과적인 전투가 가능하다.

또한 이런 철수의 이점은 적의 보급로는 늘어나게 만들고 아군의 보급로는 짧게 만들어 유리한 상황을 조성한다는 것이다. 6.25 당시 국군은 사실상 모든 보급을 부산항에 의존하고 있었으므로 남쪽으로 내려갈수록 보급이 쉬워졌고 인민군은 어려워졌다. 게다가 제공권을 유엔 공군이 장악하고 있으므로 인민군은 주간에는 병력과 물자를 제대로 이동시키지 못하고 야간에만 몰래 움직여야 했다.

이번 장에서는 한강 방어선을 잃고 낙동강으로 밀려 내려가기까지 국군 및 유엔군의 지연전이 어떻게 수행되었는지, 그리고 최후의 방어선인 낙동강 방어선에 대해 간략히 알아보도록 하자.

1 한강에서 낙동강까지

한강 방어선 붕괴

서울을 잃고 후퇴한 국군은 대부분의 전투력을 잃은 상태였다. 서울 북방에 투입된 사단들 중 제대로 건제를 유지하고 있는 사단은 문산 방면에서 철수한 1사단 하나뿐이었고, 나머지 부대들은 후퇴 도중에 질서가 와해되고 말았다. 비교적 건제를 유지한 1사단조차 한강을 건너면서 많은 수의 장병이 실종되어 처음의 절반 정도밖에 남지 않았다.

시흥지구전투사령관으로서 한강 방어를 맡은 김홍일 소장(중국 국부군 소장 출신의 노장으로, 남북 통틀어 최고의 군사 경력자였다.)은 병력 확보를 위하여 시흥에 낙오병 수집소를 설치하고 개별적으로 후퇴하는 각 사단의 패잔병들을 집결, 혼성부대로 임시 편성하여 한강선에 배치했다. 중화기는 거의 다 강 건너에 두고 왔기 때문에 무기도 부족하고 혼성 편성이라 직속상관의 얼굴도 몰랐지만, 한강이라는 자연장애물의 존재는 인민군의 준비 부족과 더불어 방어에 큰 보탬이 되었다. 소련군으로부터 지급된 1회분의 도하장비는 임진강을 건널 때 이미 써버렸기 때문에, 한강을 건너는 인민군은 나룻배를 타거나 수영을 할 수밖에 없었다. 그

일부 파괴된 철교를 수리하여 한강을 건너는 인민군의 전차와 보병. 우리가 아는 상식과는 다르게 일부 보병이 단색 군복이 아니라 얼룩무늬 전투복을 입은 것이 이색적이다.

래서 중화기가 없이도 어느 정도 저지가 가능했던 것이다.

더군다나 6월 28일부터는 미 공군의 지원도 본격화되었다. 미군은 제공권을 장악하여 인민군 공군의 활동을 차단하고 인민군에 대한 지상공격을 감행하여 국군을 지원했다. 그러나 미 공군의 참전에도 불구하고 국군의 방어에는 두 가지 문제점이 있었다.

첫째는 폭파 실패로 한강철교가 일부 남아있었다는 것으로, 인민군은 철도 직원과 서울 시민을 동원해 야간을 틈타 다리를 수리했다. 국군에게는 인민군의 보수작업을 저지하거나 다리를 다시 부술 능력이 없었고, 요청을 받고 출격한 미군의 B-26 폭격기도 다리를 파괴하지 못했다. 결국 7월 3일 새벽 인민군 전차가 노량진으로 건너왔다.

둘째는 측면에서의 포위였다. 춘천 방면의 인민군 2군단은 6사단이 잘 막아내고 있었으나 27일에 한강 하구를 건너 김포 반도로 들어온 인민군 6사단은 무방비 상태의 김포를 달렸고, 국군은 병력이 모자라 각 학교에서 교육중인 장병들까지 투입해서 치열한 방어전을 펼쳤으나 열세를 뒤집지는 못했다.

6월 28일부터 시작된 한강 방어전은 결국 노량진과 김포 방면 전선이 무너지면서 그 핵심인 영등포 방어선이 두 방향에서의 적 협공으로 붕괴된 7월 3일까지 치열하게 지속되었다. 이후 국군은 수원 방면으로 후퇴하였다.

미군의 황당한 자폭행각 하나

미군 선발대인 스미스 대대는 원래 부산이 아니라 수원으로 곧바로 비행기를 타고 갈 예정이었으나 뜻밖의 소동으로 행선지가 바뀌고 말았다.

6월 30일 밤 미군 전방사령관 처치 준장이 일본에 있는 사령부와의 연락을 위해 오산에 있는 통신소에 간 사이 미군 정찰기 한 대가 국군의 행군 대열을 잘못 보고 "인민군 수원 공격"이라는 오인보고를 했다. 당시 수원에는 비행장과 미군 전방지휘소가 있었는데, 여기 있던 미군들은 적이 코앞에 온 줄 알고 겁에 질려 지휘소의 통신장비 및 비행장의 대공포를 모조리 파괴하고 대전으로 도망치다가 오산에서 돌아오는 처치 준장을 만났다. 처치 준장은 사태의 자초지종을 알고 격분했으나 기지설비가 모조리 파괴된 탓에 정말로 수원비행장을 포기하고 대전으로 철수할 수밖에 없었다.

만약 이런 황당한 일이 없었다면 미군은 한강선이 돌파되기 전에 영등포에 투입되어 한강이라는 유리한 장애물을 두고 인민군과 싸울 수 있었을 것이다.

미군과 서부전선

6월 29일, 맥아더 원수는 직접 한강선을 시찰한 후 미국 해군과 공군의 투입 및 군수지원만으로는 부족하며 지상군 2개 사단의 투입이 필요하다는 결론을 내렸다. 이에 일본에 주둔중인 미군 4개 사단 중 24사단에 먼저 한국으로 가라는 명령이 내려졌다. 미 지상군의 첫 전투부대 파병이었다.

24사단 선발대로 선정된 21연대 1대대장 스미스 중령은 7월 1일에 수송기편으로 병력을 이끌고 건너왔으며 다음 날 기차를 타고 대전에 도착, 북상하여 죽미령 일대에 방어진을 구축하였다. 이후 배편으로 온 포병대대가 7월 3일에 합류하면서 스미스 특수임무부대가 구성되었다.

하지만 급하게 출동한 이들 주일미군의 전력은 보잘것없었다. 2차 세계대전에 참전한 베테랑들은 거의 전역하고 신병으로 채워진데다, 전투가 아닌 일본 현지의 치안유지 임무를 맡아 군기가 해이해져 있었다. 훈련도 부족했으며 국군과 마찬가지로 전차를 잡을 무기가 없었다. 미군 상층부에서도 이들이 시간을 끌어주는 것 이상 활약하리라는 기대는 하지 않았다.

7월 5일 아침, 서부전선의 오산 죽미령에서 미군의 첫 전투가 벌어졌다. 스미스 특수임무부대는 수원 방면에서 남진하는 인민군 4사단 및 105전차여단과의 첫 교전에서 쓴맛을 보았다. 먼저

한국에 들어온 미 지상군의 첫 전투부대인 스미스 부대가 대전에 도착하는 광경.(좌) 죽미령 전투에서 스미스부대를 지원하기 위해 곡사포를 발사하는 미 제52포병대대.(우)

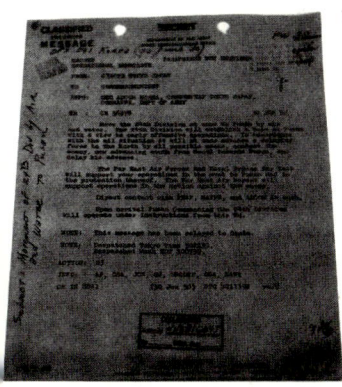

미 제24사단 부대이동 지시서

나타난 인민군의 대규모 전차부대는 일부 손실만 입고 미군 진지를 그냥 통과해 버렸으며, 뒤이어 나타난 인민군 보병은 소수 전차의 지원을 받아 미군의 저항을 격파했다. 날씨가 나빠 공군 지원도 받을 수 없었던 미군은 초전에서 완패하였다.

죽미령에서 패한 미 24사단은 일부 국군과 함께 경기 남부 및 충남 일대에서 계속해 지연전을 수행하였으나 7월 6일에 평택, 8일에 천안이 함락되는 등 별 성과는 내지 못했다. 이에 자연장애물인 금강을 이용하고자 7월 12일자로 금강 남쪽에서 새 방어선을 구축했지만 7월 14일에 공격을 시작한 인민군 4사단은 당일로 도하에 성공했으며 곧이어 도하한 3사단과 협공하여 미군을 포위하였다. 결국 16일에는 금강방어선이 포기되었으며 미군은 대전으로 후퇴, 시가전을 시도하였다. 그러나 7월 19일에 전투가 개시된 지 하루 만에 대전이 함락되었고 24사단은 흩어져 패주하였으며, 사단장 딘 소장은 낙오하여 포로가 되었다.

당시 병력이 부족한 미군은 경부선 축선을 중심으로 방어진을 형성했고 호남의 방어는 포기했다. 한국 해병대와 육군, 경찰, 청년단, 학도병을 합쳐 1천 명도 안 되는 병력이 호남 방어를 시도했으나 압도적인 열세로 후퇴를 거듭할 뿐이었다.

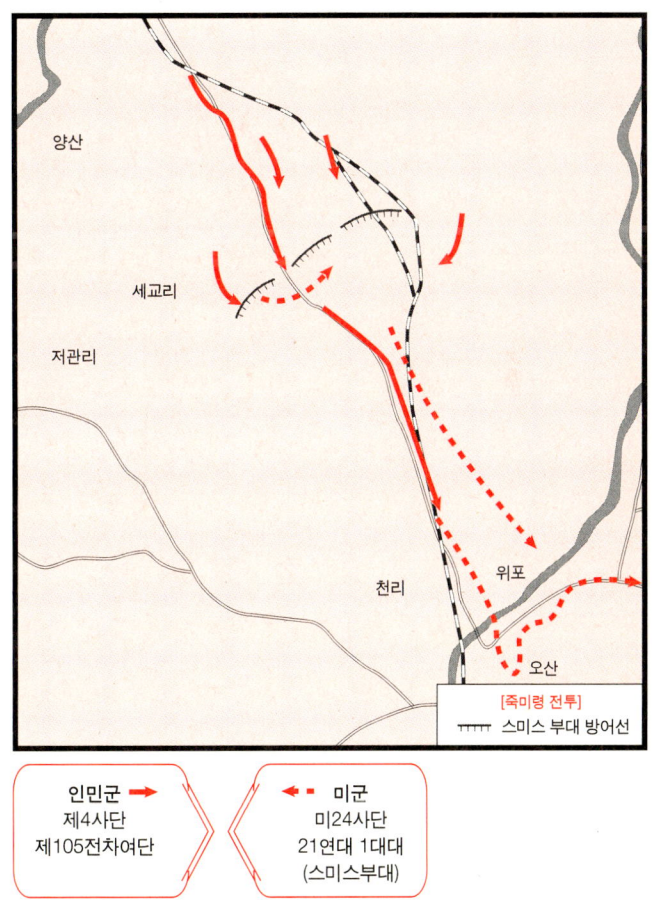

중동부전선과 국군

한강 방어선이 붕괴되면서 수원을 거쳐 충북 방면으로 철수한 국군 주력은 7월 초에 조직을 재편성하여 1군단과 2군단을 새로이 설치하고, 서부전선의 미군과 역할을 분담하여 각각 중부 및 동부전선을 담당하도록 했다. 이 시기 한국군과 미군의 전략목표는 소백산맥 일대에서 가능한 한 지연전을 감행하여 인민군의 진격을 늦추고 미국 본토에서 오는 지원군을 기다려서 반격에 들어가는 것이었다.

이 시기 중부전선의 대표적인 전투는 화령장 전투다. 7월 17일 아침, 수도사단 소속의 국군 17연대는 상주-김천 일대에 형성된 돌파구를 차단하여 경부 축선을 보호하기 위해 이동하던 중 인민군 15사단의 1개 연대가 가까이에 주둔하고 있다는 정보를 입수했다. 상대가 방심할 저녁식사 때를 노려 기습, 완전히 섬멸한 17연대는 추가정보를 통해 15사단의 다른 연대가 후속하는 것을 확인하고 통로에 매복했다가 20일 새벽에 이 역시 섬멸함으로써 중부전선이 뚫릴 만한 위기를 막았다.

국군의 형편은 전쟁 초기에 비하면 보급 및 전투경험 등에 있어서 많이 좋아진 상태였고 중부전선에서는 화령장 이외에 조령, 이화령 등의 고개에서도 치열한 격전과 대승리가 있었다. 하지만 아직까지는 전력이 부족했고, 대전 방면의 미군 전선까지 돌파되는 바람에 결국 중부 및 동부 전선에서도 후퇴

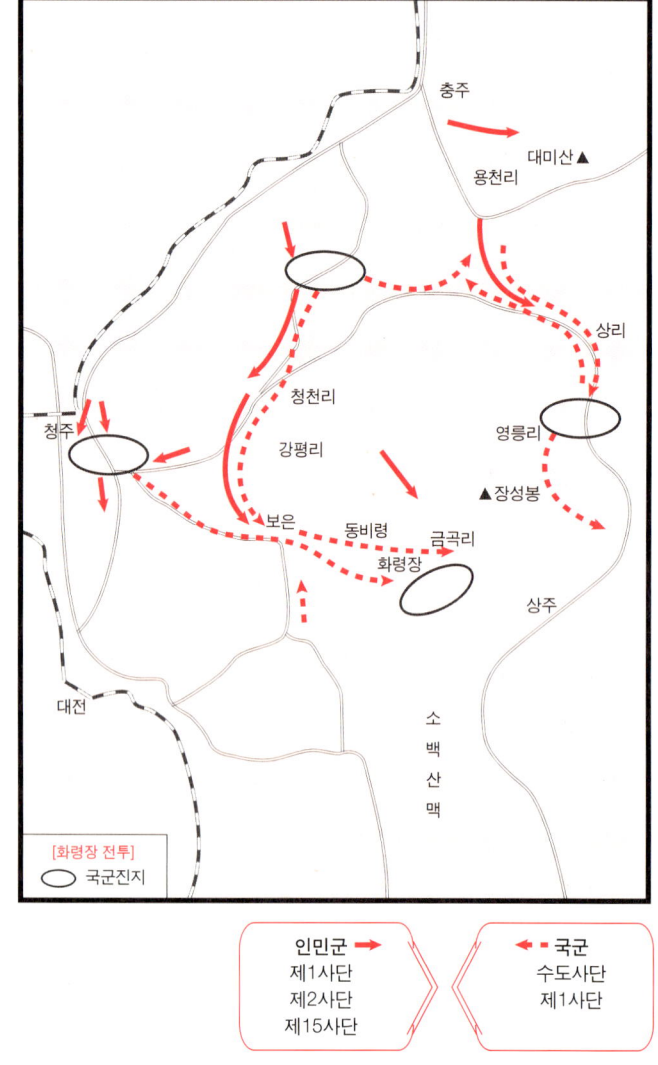

할 수밖에 없었다.

소백산맥의 방어선이 돌파되자 영주·안동·문경·상주·김천 등지에 잇달아 인민군이 진입하였다. 또한 서부전선의 인민군도 미군 전선의 허점을 뚫고 호남을 우회하여 하동―진주 방면에 출현하자 방어작전의 총책임을 맡고 있던 미 8군 사령관 워커 중장은 7월 26일자로 전군에 낙동강 방어선 편성을 명령하였다. 아직 낙동강 건너에 있던 국군과 미군은 워커 중장의 명령에 따라 모두 8월 1일까지 강 동쪽으로 후퇴하고 낙동강에 걸린 모든 다리를 폭파하였으나, 철수 과정에서 명령 전달 오류 및 실행 과정의 문제로 많은 희생자도 발생하였다.

동해안 방면에서는 해군 기지부대 및 육군 3사단 23연대가 해안을 따라 남진해 오는 인민군 5사단에 맞서 지연전을 수행했으나 전력의 부족으로 7월 17일에는 영덕까지 밀리고 있었다. 그러나 영덕이 함락될 경우 공군비행장 및 보급항이 소재한 포항이 위험해지기 때문에 영덕 일대에서는 8월 2일까지 치열한 격전이 벌어졌고, 결국 해공군의 지원을 받은 3사단이 영덕 확보에 성공하였다. 이후 전선은 잠시 안정되었다.

1950년 7월 화령장 전투. 이 전투에서 국군은 인민군 1개 사단의 전투력을 완전히 빼앗았다.

해군 및 공군 작전

전쟁 초기 며칠간 제공권은 북측이 장악하였다. 인민군은 200여 대의 작전기를 보유한 반면 국군은 정찰기 및 훈련기 20여 대가 고작이었다. 만약 북한 공군이 지상군 작전을 원활하게 지원했다면 국군의 방어에 심각한 지장을 초래했을 것이나, 북한 공군은 훈련 부족으로 제대로 된 작전을 수행하지 못했다. 서울에 대한 간헐적인 공습이 있을 뿐이었다.

게다가 개전 이틀만에 미 공군이 투입되고 사흘째부터 본격 작전을 시작하자 제공권은 곧바로 미군의 손에 들어왔다. 미 공군은 인민군 전투기를 격추하는 한편으로 북한 공군의 비행장을 직접 공격하여 7월 20일까지 북한 공군의 전력을 완전히 괴멸시켰다.

미 공군은 북한 공군을 소탕하는 한편 북한 후방의 산업시설에 대한 전략폭

전쟁 초기 북한의 산업지대를 폭격하는 미 공군의 B-29 폭격기를 엄호하는 F-51 무스탕 전투기. 이 전투기가 지금 떨어뜨리는 것은 폭탄이 아니라 빈 연료탱크이다.

격, 전방으로의 보급로 차단 및 아군 지상군 지원에 나서 많은 활약을 펼쳤다. 그러나 조종사의 훈련 부족 및 지형 파악 미숙으로 한강 이북의 인민군을 공격하라는 명령을 받고 금강 이북의 국군을 공격하는 등 많은 오인공격도 저질렀다. 미공군도 5년간의 평화로 해이해져 있었던 것이다.

국군도 이때 처음 전투기를 받아 사용하게 된다. 공군은 미 공군으로부터 10기의 F-51무스탕 전투기를 받아 7월 3일부터 전투에 투입하였다. 전쟁이 끝날 때까지 한국 공군은 공산군과 공중전은 치르지 않았으나 지상공격에서 크게 활약하였다.

해군 역시 인민군에게 절대적인 우세로 제해권을 장악했다. 공군과 마찬가지로 6월 28일부터 참전한 미 해군은 7월 2일에 영국 해군과 함께 치른 단 한 번의 해전으로 제해권을 장악했으며 그 이후 북한 해군은 바다로 나오지 않았다. 이로써 유엔 해군은 종전이 될 때까지 바다를 자유롭게 누비며 포격 및 폭격으로 인민군의 보급로를 차단하고 지상군 작전을 지원할 수 있었다.

유엔군이 치른 단 한 번의 해전

7월 2일 새벽, 동해안 일대를 순찰하던 미국 순양함 주노, 영국 순양함 자메이카, 영국 호위함 블랙 스완 호는 주문진 앞바다에서 탄약 수송선단을 호위하는 포함 2척, 어뢰정 4척 등 6척의 북한 군함과 마주쳤다. 북한 해군은 한 발의 포탄도 명중시키지 못하고 전멸했으며, 단 2명의 수병이 포로가 되었다. 이 짧은 교전이 3년 1개월의 전쟁 중 유일한 해전이었다.

지상공격을 위해 함재기를 출격시키는 영국 해군의 항공모함 오션 호. 1952년 7월의 사진으로 전쟁 내내 유엔군은 압도적으로 우세한 해군력을 과시했다.

2 낙동강 방어선

낙동강 방어선

워커 장군의 명령으로 전 국군 및 유엔군이 8월 1일자로 낙동강을 건너 철수하면서 연장 240km에 달하는 낙동강 방어선이 형성되었다. 여기로 철수하기까지 국군과 유엔군은 7만에 달하는 병력과 영토의 대부분을 잃었다. 그러나 그동안 벌인 지연전의 결과 인민군을 소모시키고 시간을 버는 목적은 충분히 달성하였으며, 부산항에는 지원병력과 물자가 속속 도착하고 있었다. 뿐만 아니라 제공권과 제해권을 잡은 유엔군은 계속된 공격을 통해 북한의 전쟁수행능력에 심각한 타격을 입혔다.

8월 1일에 처음 구축된 방어선은 영덕—청송—의성—낙동리—왜관—남지—마산을 잇는 선으로, 왜관을 중심으로 하여 동서의 국군 5개 사단과 미군 3개 사단이 대략 절반씩 담당하였다. 그러나 전력이 부족한 국군으로서는 128km에 달하는 전선을 감당할 수 없어 부득이 8월 11일자로 왜관—다부동—신령—기계—포항을 잇는 80km가량의 선으로 전선을 축소, 전체 방어선의 길이도 그만큼 감소하였다. 이 선에서 더 이상 물러난다면 반격의 희망은 없다고 본 국군과 유엔군은 배수진의 각오로 싸웠다.

한편 인민군 쪽의 처지는 악화일로였다. 인민군은 국군 및 유엔군이 낙동강을 건너 철퇴하자 낙동강 방어선이 단단하게 굳어지기 전에 돌파한다는 계획은 세웠으나, 전력 약화로 인해 이를

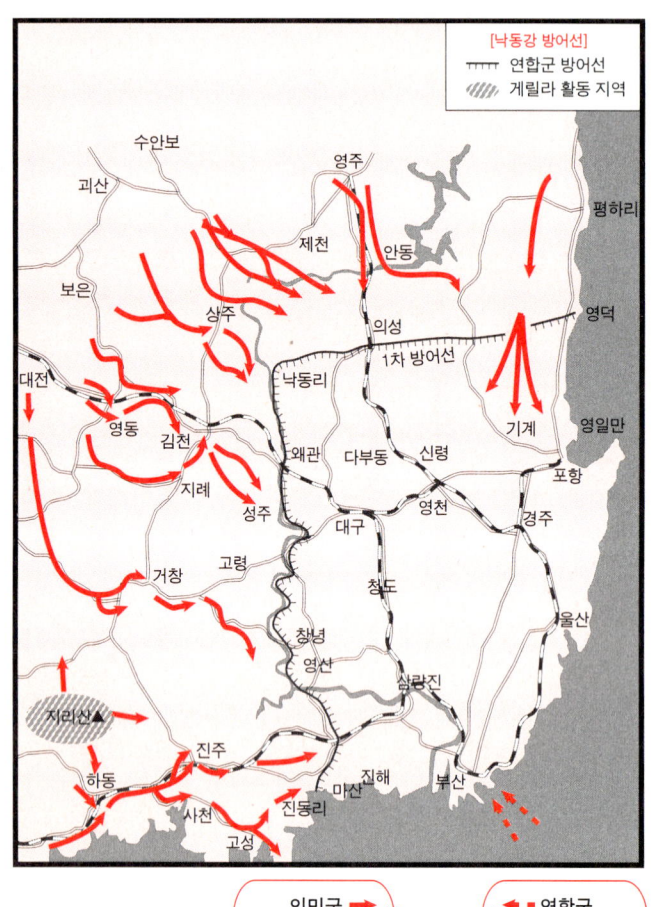

실행에 옮길 수 없었다. 그동안의 전투로 인한 소모와 유엔 공군의 공습으로 인해 신속한 이동이 불가능했던 것이다. 이 시기까지 인민군은 5만6000이 넘는 병력을 잃었고, 개전 초기 돌파력의 핵심이었던 소련제 전차도 유엔군의 전차와 항공기, 무반동총 및 신형 3.5인치 바주카포의 활약에 의해 80% 이상이 파괴되어 그 위력을 잃고 있었다. 게다가 유엔 해공군의 활동은 전선의 인민군은 물론이고 갈수록 길어지는 인민군의 보급로에도 심각한 타격을 입혔다. 주간에는 사실상 모든 열차 및 자동차의 운행이 중단되었고 야간에도 안심하고 운행할 수 없었다. 결국 인민군은 심각한 보급품 부족에 빠졌으며, 이를 극복해 보고자 점령지의 민간인 수십 만을 강제로 동원해 릴레이 방식으로 보급품을 옮기는 원시적인 방법도 사용했으나 그 양은 미미하여 유엔군의 물량과는 비교가 되지 않았다.

당장 공격에 나설 수 없었던 인민군은 잠시 병력을 재편성하며 물자를 비축한 후 낙동강 방어선을 돌파하기 위한 두 차례의 대공세를 펼친다. 이것이 8월 대공세와 9월 대공세이다.

인민군 전차 파괴에 막강한 위력을 발휘한 3.5인치 바주카포.(상) 전선의 병사들을 시찰하는 미8군 사령관 워커 중장.(하)

인민군 8월 대공세

인민군은 8월 4일에야 대체로 공세 준비를 완료할 수 있었다. 이들은 아직 취약한 낙동강 방어선을 돌파하여 8월 15일까지 부산을 점령하고자 했는데 이를 8월 대공세라 한다.

인민군은 전 전선에 걸쳐 11개 사단을 투입했으며 공세의 핵심은 임시 수도 대구에 두었다. 일부 지역에서는 전선이 돌파되었으나 국군과 미군의 신속한 대응 및 공군의 활약으로 곧 차단되었으며, 쓴맛을 본 인민군은 물러가 다음 공세를 준비하였다. 8월 대공세의 주요 전투는 아래와 같다.

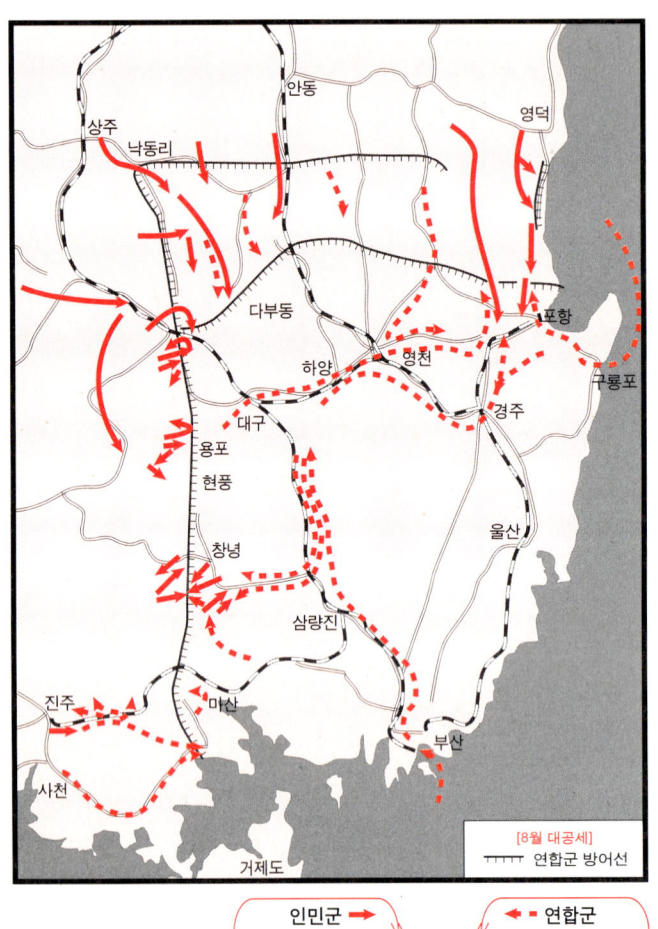

1950년 8월.
낙동강 방어선에서 다음 진지를 향해 행군하는 국군.

◉─기계 · 안강 전투

8월 5일, 국군 일부가 인민군의 압력으로 철수하면서 안동─청송─영덕 선에 약 50km 폭의 틈이 생겼다. 인민군 12사단은 지형이 험해 대부대가 지나기 힘들 것이라는 국군의 예상과 달리 여기를 지나 9일에는 기계를 함락, 포항 방면 진출을 시도하였다. 만약 이들이 성공하여 경주까지 간다면 국군 전선은 양분될 뿐 아니라 대구, 포항에다 부산까지 위험해질 수 있었다.

다행히 인민군 12사단은 유엔 해공군의 끊임없는 공격으로 지원을 제대로 받지 못해 기계에서 멈춰섰다. 급히 증원된 국군 수도사단 및 17연대, 독립기갑연대가 8월 18일에 총공격을 가하여 포위된 12사단을 격파하면서 개전 이후 최대의 전과를 올렸다. 하지만 인민군은 26일 야간 재공격으로 기계를 다시 점령하였으며 이후 9월까지 공방전이 계속되었다.

◉─포항지구 전투

8월 2일, 영덕 공략에 실패했던 인민군 5사단이 재차 공격을 감행했다. 영덕을 방어하던 국군 3사단의 2개 연대는 8일자로 방어선이 돌파되면서 강구 남쪽 장사동 해안으로 후퇴하였는데, 인민군 5사단이 10일에 강구를 점령하고 남서쪽의 기계가 12사단에게 점령되면서 3사단은 해변에 고립되었다. 11일

> **누가 우리 편일까?**
>
> 반공포로 출신으로 후에 국군에 입대, 장교로 임관한 소설가 강용준은 자신의 경험과 전쟁 중 보고들은 일들을 바탕으로 쓴 장편소설 〈흑염〉에서 이런 에피소드를 소개하고 있다. 낙동강 전선에서 격전이 벌어지던 어느 날 새벽, 인민군 복장을 하고 적진을 정찰한 국군 정찰대가 무성한 안개 속을 헤치고 귀대하다가 역시 국군 복장으로 정찰을 마치고 돌아가던 인민군 정찰대와 마주쳤다. 양편이 모두 적군 복장을 착용한 채 치열한 총격전이 벌어졌지만 양쪽 모두 산전수전 다 겪은 날고 기는 베테랑들인지라 사상자는 발생하지 않았다. 게다가 양쪽 모두 자신들의 임무가 정찰이지 전투가 아니라는 점을 잘 알았으므로, 적당히 싸우다 교전을 중지하고 각자 진지로 복귀하였다. 그런데 국군 쪽에서 문제가 생겼다. 정찰대장이 생각하기에 뭔가 미심쩍어서 숫자를 세 보니 숫자가 원래보다 하나 많은 것이 아닌가. 고참 부사관을 조용히 불러서 귓속말로 의논한 후 조심스럽게 하나하나 확인해 보니 인민군 1명이 대열에 끼어 있었다. 안개 속에서 총격전을 벌이다가 방향을 잃는 바람에 국군 정찰대 뒤로 잘못 따라붙었던 것. 저놈 잡으라고 소리라도 질렀다간 눈치를 채고 도망치거나 총질을 해서 아군에게 사상자를 낼 것이니 일단 안심을 시키려고 이북 출신 병사 하나가 이렇게 말을 건넸다. "동무 안심하라우야. 우리는 진짜 공산군이니끼니." "아, 물론이지요. 동무." 그렇게 부대까지 끌고 갔다고 한다. 정말 실화일까?

전투 중에 먹을 주먹밥을 만들고 있는 국군 병사.

낙동강 전선이 곧 무너질 것이라고 주장하는 북한의 선전 포스터.

에는 포항 시내가 점령되었는데 이때 71명의 학도병이 극적으로 인민군과 맞선 포항여중 전투가 있었다.

이에 포항 함락 및 영일비행장 상실을 우려한 워커 중장은 비행장 방어를 위해 미군 1개 전투단을 지원군으로 보냈고, 급히 파견된 국군 민부대는 해공군 및 미군 전차부대의 지원을 받아 18일에 포항을 탈환하였다. 17일에 포위망을 벗어나 해상으로 철수한 3사단은 19일에 민부대와 교대하여 전투를 계속했다.

⊙─서남부 반격작전

미 8군 사령부는 8월 대공세에서 인민군의 주공이 대구 방면이라는 것을 파악하자 상대적으로 약체인 진주─사천 일대의 인민군에게 반격을 가함으로써 마산 방면의 위협을 없애고 대구 방면의 인민군을 마산으로 끌어들여 대구에 가해지는 압력을 줄이고자 했다. 미 25사단이 실시한 이 반격은 참전 이후 미군 최초의 공격작전이었으나 무더운 날씨와 불리한 지형, 완강한 인민군의 저항 등으로 12일자로 중지되었다.

⊙ 다부동 전투

대구 방면 방어는 미군 1기병사단과 백선엽 준장의 국군 1사단이 맡고 있었다. 인민군은 대구에 5개 사단을 투입했는데 그중 3개 사단이 국군 1사단 정면에 집중되었다.

1사단은 우세한 적에게 밀리지 않고 싸웠으나 1사단 우측방의 국군 4개 사단은 방어구역이 산악지대여서 낙동강의 지형적 이점을 누리지 못했다. 때문에 육군본부는 전선을 정리하여 병력을 남쪽으로 철수시켰으며 13일부터 1사단은 다부동 일대를 방어하게 되었다. 다부동은 대구의 관문으로 이날부터 시작된 전투는 8월 대공세 최대의 격전이었다.

1사단은 증원된 미군 2개 연대와 함께 최선을 다해 인민군을 저지했으며, 하루 최고 700명의 사상자를 내면서 인민군의 공세를 막아내고 8월 30일 미 1기병사단에게 담당구역을 인계하였다. 1사단은 다부동을 지켜냄으로써 인민군의 공세를 좌절시켰을 뿐 아니라 대한민국의 붕괴를 막았다.

고아원을 방문해 아이들에게 초콜릿을 나눠주고 있는 미군 병사. (포항).

포항 전선을 시찰 중인 김석원 장군.
개전 당시에는 예비역이었으나
한강선이 무너진 후 수도사단장으로 현역에 복귀해
제3사단장으로 포항전투를 지휘하였다. 1950년 8월.

토막상식 낙동강 전투 당시 국군은 징집체계가 붕괴되어 정상적으로 병력을 징병하지 못했고, 자원입대자 혹은 노상에서의 강제징집에 의존해야 했다.

인민군 9월 대공세

인민군은 8월의 전훈에서 제공권 없이는 병력 집중이 지극히 어려우며, 집중했다가는 오히려 한 번의 융단폭격에 몽땅 잃을 수도 있다는 것을 깨달았다. 또한 한두 곳의 돌파구 정도는 기동력이 우세한 유엔군이 즉각 예비대를 투입해 막아버린다는 것도 알았다.

이에 인민군은 9월 대공세에서 몇 가지 변화를 가하게 된다. 먼저, 병력을 집중하지 않고 분산시켜 특정 목표에 주력하지 않았다. 또한 압도적으로 우세한 유엔군의 포병과 항공기를 피하기 위해 보통 새벽에 하던 공격을 밤중에 시작했다. 덕분에 야간공격 및 지형을 이용한 침투에 능한 자신들의 특기도 효과적으로 활용할 수 있었다.

게다가 인민군은 서부 전선의 미군 지역에 대한 공격을 동부 전선의 국군에 대한 공격보다 이틀 먼저 실시하였는데, 이는 낙동강 도하에 필요한 시간을 고려함과 동시에 유엔군의 예비대를 남서쪽으로 끌어들여 동부전선의 방어를 약화시키고자 함이었다.

인민군은 이 공세에 13개 사단, 9만 8000여 명을 투입했으나 상당수가 강

미 공군은 8월 대공세 당시 왜관 일대에 집결한 인민군을 향해 99대의 B-29 폭격기로 융단폭격을 퍼부었다. 이 폭격은 인민군 집결지를 정확하게 날려보내는데는 실패했으나, 인민군에게는 유엔군의 공군력에 대한 공포를 심어주어 사기를 떨어트렸으며 국군과 유엔군의 사기는 한껏 고조시켰다.

제 동원한 남한 출신 의용군으로 훈련 부족인데다가 전투 의지가 없었다. 또한 이 시점에서 국군과 유엔군은 국군의 증강 외에 미군 및 영국군 등 유엔군의 병력 지원이 계속되어 이미 장비뿐 아니라 병력에서도 인민군을 두 배 가까이 능가하고 있었다. 하지만 전선의 주도권은 아직 공격자인 인민군이 쥐고 있었으며, 유엔군사령부는 인천상륙작전을 위해 병력을 아끼고 있어서 전선의 병력은 여전히 부족했다.

9월 공세에서는 예상보다 거센 인민군의 공격으로 낙동강이 뚫릴지 모른다는 위기감이 고조되었으나 방어선은 유지되었으며, 인민군은 최후의 예비대까지 투입했으나 끝내 실패했다. 전 전선에서 전투가 벌어졌지만 그 중 주요한 곳은 다음과 같다.

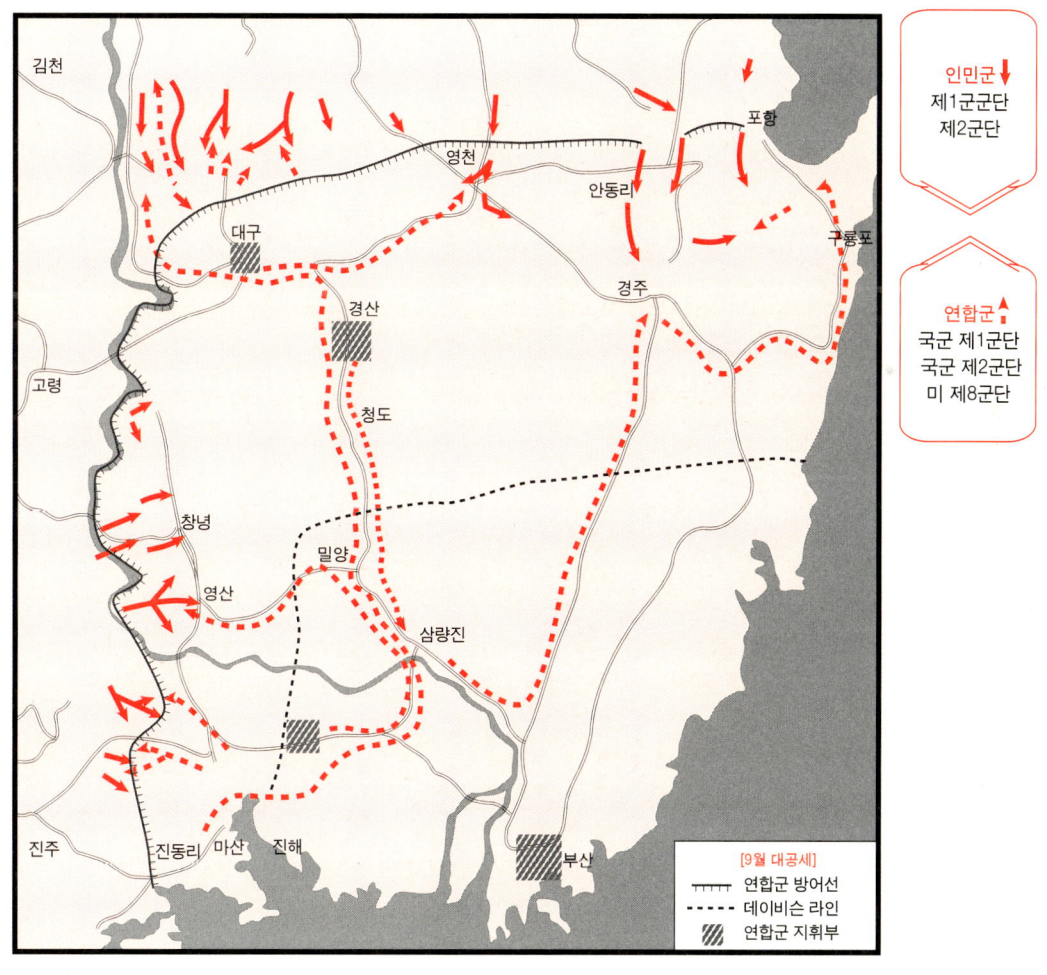

63

신령지구에서 국군 특공대의 공격으로 파괴된 인민군 전차.

인민군 진지를 향한 미군의 박격포 공격.

◉ㅡ왜관·다부동·대구 북방 전투

8월 공세에서 국군 1사단이 인민군을 저지했던 왜관 지역은 9월 공세 당시에는 미군 1기병사단이 담당하고 있었다. 대구 일대는 9월 공세 당시에도 격전의 중심이 되었으며 1기병사단은 완강한 인민군을 상대로 혈전을 벌였다.

왜관 일대에서는 인민군 1사단, 3사단, 13사단 등 3개 사단의 공세가 9월 2일부터 치열하게 전개되었고, 후방에 침투한 인민군에 의해 포위될 위기에 처하자 9월 5일자로 미군은 다부동을 포기하고 후퇴하였다. 대구까지 10km를 남겨두고 낙동강이 돌파될 위기에 처했으나 끊임없는 공습으로 병력과 물자의 보충이 이루어지지 않아 인민군은 곤경에 처했다. 이런 상황에서 1기병사단과 국군 1사단의 완강한 방어가 더해지자 결국 인민군의 공세는 9월 12일을 기점으로 수그러들어 14일에는 결국 철수하였다.

◉ㅡ영천 전투

서부전선을 먼저 공격하여 유엔군 예비대를 끌어내려 한 것을 보면 알 수 있듯이 인민군의 주된 돌파 의도는 동부

격전을 치른 뒤
잠깐의 휴식을
취하고 있는
국군 병사의 모습.

전선에 있었다. 대구 동쪽의 영천은 국군 6사단과 8사단이 지키고 있었는데, 인민군은 이 방면에 8사단과 15사단을 투입해 공격했다. 9월 2일부터 시작된 전투가 치열하게 지속되는 중 8사단 우측의 수도사단이 후퇴하면서 전선에 틈이 생겼다. 인민군 15사단이 9월 5일에 이 간격을 통과, 6일에는 영천을 점령하였으며 이로써 인민군은 대구를 포위하거나 경주를 거쳐 부산으로 직행하는 두 가지 선택지를 가지게 되었다. 어느 쪽이든 유엔군의 위기였다. 6사단과 8사단은 더 이상의 돌파구 확대를 저지하는 한편으로 1사단, 7사단과 힘을 합쳐 경주로 향하려는 15사단에 대한 공격을 개시하였다. 후속부대가 따라오지 못하자 인민군 15사단은 저절로 국군 속에서 포위되었으며 9월 8일에는 영천이 탈환되고 10일에는 15사단이 완전히 섬멸되었다. 영천 전투는 9월 대공세의 핵심이자 분수령이 된 전투였다.

3 낙동강 방어전의 의미

낙동강 방어전의 의의

낙동강 방어전은 8월 초부터 9월 중순까지, 약 45일에 걸쳐서 벌어졌다. 수많은 희생자를 내면서 벌어진 이 전투에서 국군과 유엔군이 승리함으로써 대한민국은 살아남을 수 있었다. 또한 낙동강에서 버티면서 힘을 모아 반격을 성공시킴으로써 전쟁 초기에 인민군에게 빼앗긴 영토를 모두 수복했을 뿐 아니라 38선을 넘어 북진도 할 수 있었다.

한편 북한은 50일 만에 전쟁을 끝낸다는 최초 목표를 달성하려고 서두르느라 동원 가능한 모든 전력을 낙동강에 투입했다. 물론 전쟁이 길어질수록 유엔군의 전력은 강화될 것이 분명했으므로 인민군이 한시라도 빨리 전쟁을 끝내고자 시도한 것이 전혀 비논리적인 생각은 아니었다. 그러나 문제는 그 시점에서 이미 유엔군의 전력이 인민군을 앞서고 있었다는 점이다. 유엔군은 인천상륙작전을 위해 병력과 장비를 비축하면서도 인민군보다 많은 전력을 방어에 투입했으며, 인민군이 낙동강에서 공세를 계속할 수 있었던 것은 순전히 그때까지의 기세를 타고 있었던 탓일 뿐이었다.

결국 공격에만 주력하여 후방 방어를 소홀히 한 인민군은 유엔군이 감행한 인천상륙작전으로 배후를 공격당하자 일패도지하고 말았다.

하지만 전력의 역전에도 불구하고 낙동강은 여전히 위험한 상태였다. 공격자의 입장인 인민군은 원하는 곳으로 병력을 투입할 수 있었던데 반해서, 아직까지 방어자의 입장인 유엔군으로서는 인민군이 어느 쪽으로 공격해 들어올지 알 수 없었으므로 전 전선에 걸쳐 병력을 골고루 배치할 수밖에 없었던 것이다. 때문에 전체 병력으로는 유엔군이 한참 앞서기 시작했음에도 격전이 벌어진 전선에서는 인민군의 규모가 보다 크거나 비슷한 수준을 유지할 수가 있었고, 국군과 유엔군은 압도적으로 우월한 포병 및 공군의 지원을 받으면서도 힘든 싸움을 치를 수밖에 없었다.

만약 인민군의 공격을 막아내지 못하고 낙동강 방어선이 붕괴되어 대구가 함락되었다면 전쟁은 어떻게 진행되었을까? 당시 미군 사령부는 만약의 경우에 대비하여 낙동강 방어선(일명 워커 라인) 후방에 데이비슨 라인이라는 방어선을 구축해 두고 있었다. 하지만 마산—밀양—울산을 잇는 약 90km길이의 이 방어선은 낙동강 방어선과 같이 방어와 반격을 위한 선이 아니었다. 미군은 낙동강 방어선이 붕괴되면 대한민국을 지키는 것을 포기하고 모든 병력과 장비를 일본으로 철수시킬 생각이었다. 데이비슨 라인은 미군을 비롯한 모든 유엔군이 한국에서 무사히 철수할 때까지 부산항을 방어하기 위한 방어선이었을 뿐, 대한민국을 지키기 위한 방어선은 아니었던 것이다.

이때 유엔군이 대한민국을 포기했다면 어찌되었을까? 후에 알려진 바에 따르면, 대한민국 정부를 제주도로 옮기는 것도 검토되었지만 남태평양으로 옮기는 방안도 미국 정부 내에서 제시되었다고 한다. 대한민국 정부 요인 및 군대를 포함, 10만 명 정도의 인원을 뉴기니로 옮겨 망명정부를 수립하게 한다는 것인데, 우리에게는 다행스럽게도 낙동강 방어선이 무너지지 않았으므로 이 안은 빛을 볼 필요도 없이 폐기되었다. 만약 낙동강방어선이 무너졌다면 과거 영국 런던에서 45년간이나 머물렀던 폴란드 망명정부와 같이 대한민국 망명정부가 해외에 존재하게 되었을지도 모른다. 그러나 낙동강 방어전의 성공으로 이런 가능성은 사라졌으며, 대한민국은 60년이 지난 오늘날까지 유지될 수 있었다. 이는 오직 낙동강에서 뿌려진 수많은 피의 대가였다.

낙동강 주변 초소에서 경계근무 중인 국군병사.(상) 오랜 전투에 지친 병사들이 길가에서 달콤한 휴식을 취하고 있다.(하)

학도의용군

대부분의 현대 국가에서는 성인만 군인이 되는 것이 상식이다. 그러나 이는 원칙적인 이야기고, 국가가 패전에 직면하여 병력이 부족할 때는 연령에 상관없이 총을 잡고 나서야 할 경우가 많았다. 2차 세계대전이 막판으로 치달을 때 독일군은 10대 초중반의 히틀러유겐트(나치당 청소년단) 대원들에게 군복을 입히고 무기를 들려 전선으로 내보냈고, 일본군 역시 중학교에 다닐 나이의 학생들을 징집했다. 그리고 이렇게 전장으로 나간 소년들은 전화 속에서 수없이 죽어갔다. (단 일본군은 이런 어린 병사를 소년병이라고 했고, 일본군에서 학병 또는 학도병은 전쟁 초기 병역을 면제받다가 뒤에 징집된 대학생 출신 병사를 뜻했다.)

기습적인 북한의 남침으로 전쟁이 터지자마자 국군이 계속 남쪽으로 밀려가는 상황이 되자 한국에서도 십대 중후반의 학생들이 총을 잡았다. 많은 학생들이 나라가 망한다는 생각에 자기 발로 군대를 찾았으며 국군은 이들의 참여를 적극 환영했다.

어린 나이지만 전쟁이 일어나자 교복을 입은 채로 책 대신에 총을 들고 전장으로 달려나간 학도병들. 수원에서 조직한 비상학도대(1950. 6.)를 시초로 제773 정훈대대가 해체(1953. 9.)될 때까지 많은 학도의용병들은 나라를 지키기 위해 전장으로 나섰다.

학도병들은 1950년 6월 29일에 최초로 전선에 나갔으며, 전시 체제가 어느 정도 안정된 후 정부가 복교령을 발령하여 학생들을 학교로 돌려보낸 것은 1951년 3월의 일이었다. 그러나 상당수 학생들은 돌아가지 않고 군대에 남아 전쟁이 끝날 때까지 복무하였다. 심지어 일본에 살던 재일교포 학생 수백 명도 조국의 위기를 구하기 위해 참전하였다.

학도병들은 많은 경우 군복도 받지 못하고 교복을 입은 채 총을 들었고, 기초적인 전투훈련조차 받지 못한 경우가 많았다. 게다가 당시 육군의 행정체계가 제대로 작동하지 못해 학도병들은 군번도 제대로 받지 못했으며, 때문에 참전자와 전사자의 숫자도 분명하지 않다. 현재 공식 집계로는 1937명의 전사자가 나왔다고 하나, 많은 수가 누락되어 있다.

최근 개봉된 포항의 71명의 학도병을 다룬 영화.

학도병들이 참가한 전투 중 가장 유명한 사례가 앞에서 잠시 등장하는 포항여중 전투이다. 경북 의성에서부터 사단장 김석원 준장을 따라온 71명의 중학생(당시에는 중학교가 6년제)들은 3사단 사령부에 배속되어 사단 후방지휘소가 있는 포항여중 주변을 지키고 있었는데, 국군의 방어선을 돌파한 인민군 5사단이 장갑차를 앞세우고 포항 시내로 들이닥쳤다. 학도병들은 이들을 상대로 12시간 가까이 싸운 끝에 48명이 전사했고 6명은 실종되거나 포로가 되어 돌아오지 못했다. 이 전투에서 전사한 이우근이라는 한 학도병이 어머니에게 보내는 편지는 전쟁의 비극을 지금도 전하고 있으며, 이 전투는 2010년 영화화되었으나 실제 역사와는 다른 부분이 매우 많다. 이 전투에 참가한 학도병 중 일부가 2010년 현재 생존해 있다.

국군과 인민군의 대포

국군

M3 105mm 곡사포 : 최대사거리 7,600m. 개전시 국군에 91문이 있었으며 원래 공수부대용으로 개발한 경량화포라서 사정거리가 짧다. 때문에 인민군 포병은 국군 포병의 사정거리 밖에서 포격을 가할 수 있었다.

M1 81mm 박격포 : 81mm 박격포는 보병대대를 직접 지원하는 곡사화기로 사거리는 3,000m이다.

M2 60mm 박격포 : 60mm 박격포는 보병중대를 직접 지원하는 곡사화기로 사거리는 1,815m이다.

M1 57mm 대전차포 : 전차 생산기술의 급격한 발달로 인해 세계대전중에 이미 위력부족이 문제되었고, 한국전쟁에서도 역시 T-34를 제대로 공략할 수 없었다.

M9 2.36인치(60mm) 바주카포 : 휴대용 대전차무기로서 역할이 기대되었으나 위력부족과 운용미숙으로 별 효과를 보지 못했다.

M1 57mm 대전차포

인민군

M1938 122mm 곡사포 : 최대사거리 11,800m. 2차 세계대전에서 소련군이 사단포병으로 운용하던 야포이다.

M1942 76.2mm 곡사포 : 최대사거리 13,300m. 2차 세계대전에서 야포 및 대전차포로 위력을 발휘했던 만능 대포로 지금도 현역이다.

M1937 60mm 박격포 : 국군이 보유한 60mm와 같은 급으로 비슷한 성능이며 양쪽 포탄을 모두 쓸 수 있다.

M1937 82mm 박격포 : 국군이 보유한 81mm와 비슷한 급으로 인민군은 국군의 포탄을 쓸 수 있지만 국군은 이 포의 포탄을 쓰지 못한다.

M1938 120mm 박격포 : 국군이 보유하지 못한 대구경 박격포로 유효사거리 6000m에 달한다.

M1942 45mm 대전차포 : 국군의 57mm와 마찬가지로 위력이 부족하여 유엔군의 최신 주력전차에는 별 피해를 입힐 수 없었으나, 구형인 M4 셔먼 전차의 측면 정도는 관통할 수 있었다. 인민군은 이 대포를 보병지원용으로 사용했다.

M3 105mm 곡사포

M1 81mm 박격포

III
_ 낙동강에서 압록강까지
상륙 및 포위 섬멸전

상륙전은 대개 목표가 섬이라거나, 혹은 대륙 전체가 상대편의 손에 있어서 아군이 거점을 가지지 못한 경우에 이루어진다. 횟수로 따지자면 태평양전쟁 당시 벌어진 상륙전이 가장 많겠으나 세계전사에서 가장 대표적인 상륙전의 사례는 2차 세계대전에서 유럽 대륙 전체를 차지한 독일을 상대로 벌어진 연합군의 노르망디 상륙작전일 것이다. 이때 미군과 영국군은 1944년 6월 6일 단 하루 동안 17만의 병력과 2만 대의 차량을 노르망디에 양륙하여 나치로부터 유럽을 탈환하기 위한 거점을 구축했다.

그러나 인천상륙작전은 노르망디 상륙작전과 그 성격에서 차이가 있다. 노르망디가 독일로 파고들기 위한 첫 번째 쐐기를 만들기 위한 작전이었던 것과 달리, 인천상륙작전은 거점을 만드는 그 자체가 목적이 아니라 한반도의 절반이라는 넓은 영역에 걸친 포위섬멸전의 일환으로 기획되었기 때문이다. 전쟁에서 아군의 피해를 줄이고 적군을 섬멸하려면 사방에서 포위하는 것이 효과적인데, 전술적이든 전략적이든 포위된 군대는 고립되어 사방에서 공격을 받게 될 뿐 아니라 후방에서의 지원이 끊겨 공황 상태에 빠지고 쉽게 무너지게 된다.

이런 식의 포위섬멸전이 역사상에 처음 나타난 것은 로마와 카르타고가 벌인 제2차 포에니 전쟁 중에 있었던 칸나에 전투였다. 당시 카르타고의 명장 한니발은 로마군의 좌우익을 격파하여 본진을 양익에서 포위하는 포위섬멸전을 성공시킴으로서 칸나에 평원에서 압도적으로 우세한 로마군을 격파했다. 당시 한니발의 병력은 5만, 로마군은 근 9만 명에 달했으나 한니발 군이 사방을 포위하자 탁 트인 평원에서 거의 전멸하고 말았던 것이다. 그 이후로 병력의 일부가 우회하여 포위망을 형성하는 사이 나머지는 적의 주력을 붙들어 놓는 전술 또는 전략은 일반적인 것이 되었다.

사방이 평원인 칸나에에 비해 남북으로 늘어진 형태인 한반도에서는 이러한 포위망을 형성하는 것이 더 쉽다. 전선이 거의 한쪽 끝까지 내려간 상황에서 반대편으로 이어진 육지만 막으면 바다가 포위망의 나머지 부분을 메워주기 때문이다. 따라서 인천상륙작전은 확실한 제해권을 쥔 유엔군으로서는 충분히 시도해 볼 만한 작전이었고 결국 대성공을 거두었다. 이번 장에서는 인천상륙작전의 준비와 실행 과정, 그리고 그에 이은 북진의 과정에 대해 살펴보도록 하겠다.

1
인천상륙작전 기획과 준비

작전 기획

유엔군 총사령관 맥아더 원수는 개전 직후부터 인천상륙작전을 기획했다. 희생이 큰 소모전을 펼치는 대신 남진하는 인민군의 옆구리를 찔러 그 기세를 일거에 붕괴시키고 포위섬멸하려면 한반도의 지형적 특성상 상륙작전을 펼 수밖에 없고, 그러기 위해서는 인천만한 적지가 없다고 판단했기 때문이다. 인천은 당시 한반도에서 두 번째로 큰 항구이자 38선 바로 이남에 위치한 수도 서울의 외항으로서, 북한에서 내려오는 보급선을 차단하는 데 다른 어느 항구도 비할 수 없는 가치를 가지고 있었다.

그러나 인천상륙작전에 대해서는 기획 단계에서 많은 반대가 있었다. 유엔군 일각 및 미국 정부에서는 인천이 낙

지휘함 마운트 매킨리 호에서 상륙작전 실행과정을 관찰하며 흡족해하는 맥아더 장군과 그 참모들.

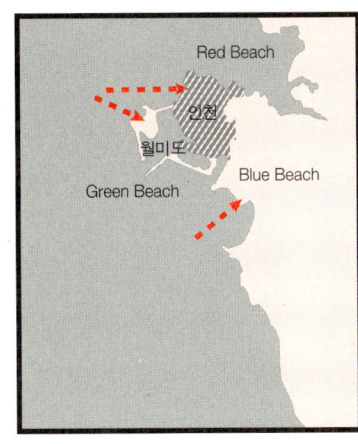
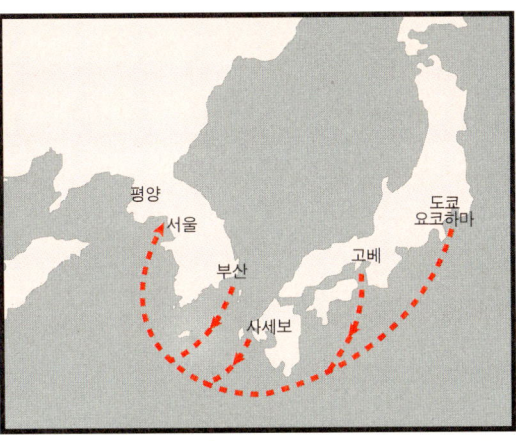

인천 지역의 해안에 붙인 암호명과 유엔군 병력의 구체적인 상륙지점(좌) 인천상륙작전에 투입될 각 함대의 출발지점과 인천까지의 이동경로를 나타낸 지도. 대부분의 수송선단은 일본에서 출발했다.(우)

동강에서 너무 멀다는 점, 조석 간만의 차가 심해 상륙이 어렵다는 점 등을 들어 이 작전에 반대했다. 그러나 맥아더는 태평양전쟁의 승리자로서의 자기 지위를 유감없이 발휘하여 본국 정부의 반대를 억누르고 자신의 계획을 관철시키는 데 성공했다. 하지만 그 실행에 있어서는 충분한 병력이 모일 때까지 기다려야 했으므로 유엔군은 전선의 절박한 요청을 무시하면서 미국 본토에서 오는 병력과 물자를 비축해야 했다. 때문에 낙동강 방어선은 간신히 뚫리지 않을 정도로만 유지되었다.

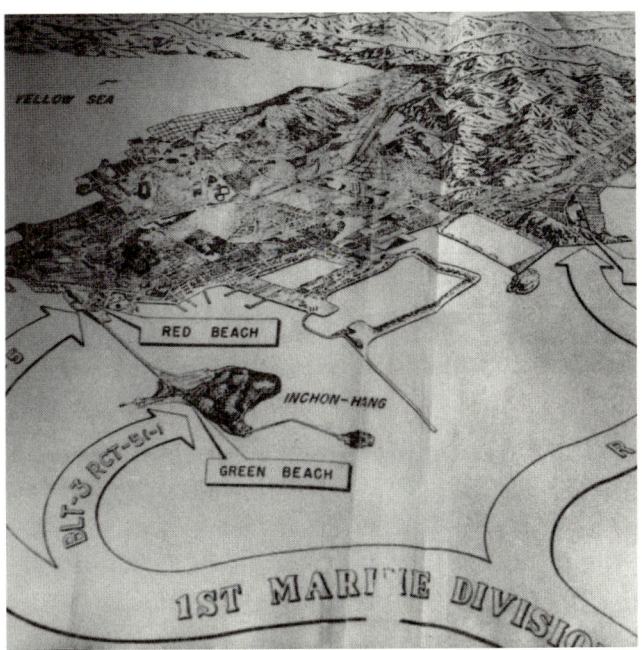

구체적인 인천의 지형 및 상륙지점을 모형으로 만든 크로마이트(인천상륙작전의 암호명) 작전 계획도.

작전 준비

성공적인 작전을 위해서는 병력과 물자의 준비 못지않게 기밀 유지도 중요했다. 인민군으로서는 유엔군의 상륙을 바다에서 막을 수는 없었으나 해안 방비를 엄중하게 하는 것은 가능했기 때문이다. 만약 상륙 예정지점인 인천을 인민군이 요새화한다면 유엔군의 상륙은 희생자만 막대하게 내고 실패할 수도 있었다.

그러나 상륙작전 자체를 숨기는 것은 불가능했다. 작전 준비는 한국뿐 아니라 일본에서도 이루어졌으며 여기 관련된 모든 사람의 입을 막을 수는 없었다. 이에 유엔군은 작전을 은폐하고 인민군의 전력을 분산시키기 위한 기만공작을 실시, 동해안의 삼척과 서해안의 군산 등이 상륙 목표라는 정보를 흘

부하 장교로부터 인천상륙작전에 대한 브리핑을 받고 있는 맥아더.

인천으로 가는 배 위에서 작전에 대한 설명을 듣고 있는 국군 해병대.

리고 군함과 항공기를 동원하며 폭격을 감행하였다. 이로 인해 인민군은 인천상륙작전에 대한 정보를 입수하고도 도리어 이쪽이 속임수라고 생각했고, 유엔군은 상륙 의도를 숨기는 데 성공할 수 있었다.

한편 중공의 모택동도 북경을 방문한 북한 대표단에게 무리한 공세 대신 방어 준비를 하고 유엔군의 인천 상륙을 경계하라고 조언했다. 그러나 북한 지도부는 9월 공세의 환상에 매달려 이를 무시하고 최후의 예비대까지 낙동강으로 보냈고, 경인 일대는 빈약한 전력만이 남아있었다.

상륙대기중인 상륙정들. 바로 상륙하지 않고 바다 위를 맴돌고 있는 것은 전 병력을 한꺼번에 상륙시키기 위해서이다.

상륙작전 참가를 위해 미군 수송선에 승선하는 국군 해병대.(좌) 상륙작전 엄호를 위해 참가한 미 해군 코르세어 전투기.(우)

2 작전실행

인천상륙

1950년 9월 12일, 261척의 수송선단이 인천상륙작전을 위해 부산항을 출발했다. 그러나 지휘부는 기밀 유지를 위해 배에 탑승한 탄 한미 해병대원들에게조차 목적지를 군산이라고 알려줄 정도였으며, 이들은 일본의 요코하마 및 고베에서 출발한 선단과 바다 위에서 합류했다.

이들과 별도로 사세보에서 출발한 전투함대는 이미 13일 오후부터 인천 앞바다에 도착하여 전투기와 함께 인민군의 방어시설을 공격하고 있었으며, 인민군 수뇌부는 이 공격을 받고서야 비로소 인천이 상륙지점이라는 것을 깨달았으나 이미 때는 늦어서 서울과 인천 일대의 예비대는 이미 낙동강으로 떠났고 증원군을 보낼 수도 없었다. 이 일대에는 약간의 병력이 있기는 했으나 대부분이 남한에서 강제 징집한 의용군이라 훈련과 장비가 빈약하고 사기가 낮아 전투력이 보잘것없었다.

유엔군의 상륙은 15일 이른 아침부터 시작되었다. 선봉인 미 해병대의 첫 표적은 인천항의 방어 거점인 월미도였다. 함포와 로켓탄이 지원사격을 하는 가운데 6시 31분에 최초의 상륙정이 해병 5연대 3대대의 일부 병력을 태우

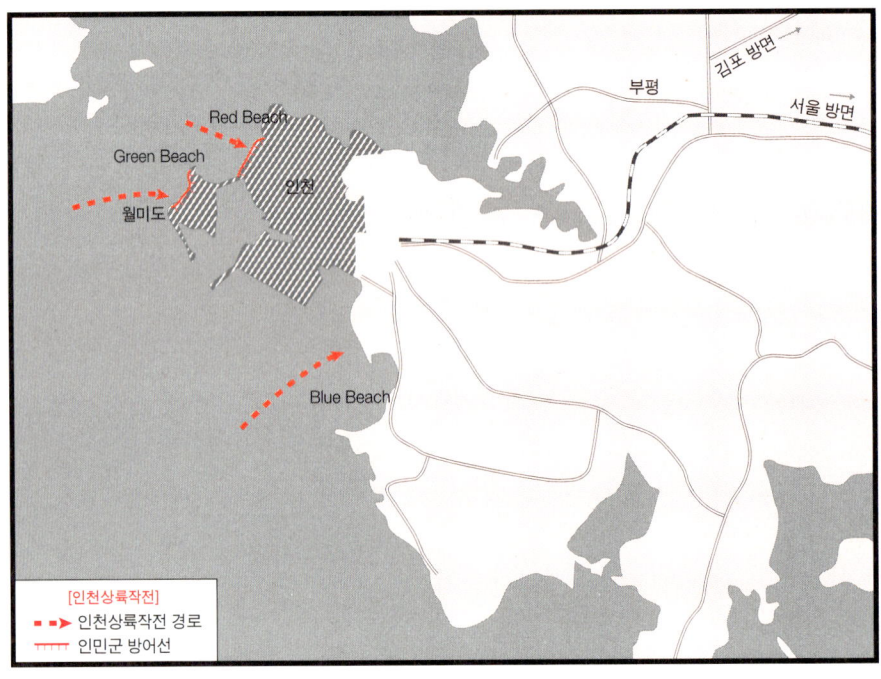

고 월미도 해안에 닿았고, 8시 7분에는 섬 전체가 점령되었으며 둑으로 이어진 소월미도도 곧 제압되었다. 월미도 함락 후 썰물 시간이 되자 함대는 일단 물러났으나 항공모함의 함재기들은 계속해 인천, 서울, 수원 일대를 공습하고 순양함들은 주요 도로에 포격을 가해 인민군의 이동을 막았다.

오후 2시부터 시작된 밀물로 충분히 수위가 오르자 미 해병 1연대·5연대, 국군 해병 1연대로 구성된 상륙부대 본대가 출발했고 5시 30분에 선두 상륙정이 해안에 도착, 상륙을 가로막고 있는 방파제를 폭파하고 해안에 병력을 내렸다. 주로 의용군으로 구성된 인천 일대의 인민군은 사흘간 계속된 포격과 폭격으로 거의 와해되어 별로 큰 저항이 없었다.

이로 인해 국군과 미군 해병대는 상륙 첫날 단지 전사자 20명과 부상자 174명, 실종자 1명의 피해를 입으면서 2천 명 가량의 인민군을 물리치고 성공적으로 교두보를 확보하였다. 이틀째인 16일에 국군은 시내의 잔적 소탕 및 치안 유지를, 미군은 외곽 방어를 맡아 전차까지 동반한 인민군의 반격 시도를 간단

히 격파하고 그날 하루 동안 교두보를 해안에서 10km까지 확장하였다. 교두보가 안정되고 추가병력이 투입되자 사령부는 미 해병사단에게 서울 공략을 맡기기로 하고 곧바로 서울로 진격하라는 명령을 내렸다. 인천에 이어 이번에도 한국과 미국의 해병대가 선두에 섰다.

인천에 상륙하는 병사들. 해안 방파제를 넘는 중이다.(상) 인천 시가지에는 전 해안에 방파제가 있어 해병대의 장애물이 되었다. 아래쪽 사진의 사다리는 일본에서 미리 만들어 온 것이다.

김포에서 서울까지

유엔군 사령부의 명령에 따라 17일 새벽에 부평 방면을 통해 서울을 향한 진격을 시작한 미 해병 1연대는 일출 직전 조우한 인민군의 반격을 간단히 격파했다. 6대의 전차를 동반한 200여 명의 인민군이 자기들 앞에 미군이 있다는 것도 모르고 무방비상태로 행군하다가 미군의 매복에 걸려들어 전멸했으나 미군의 피해는 경상자 1명뿐이었다.

한편 그보다 북쪽으로 간 미 해병 5연대 및 국군 해병대는 다소 치열한 인민군의 저항을 만났으나 이들 역시 미숙한 신병들이었으며 결국 돌파에 성공하였다. 이날 오후에는 김포비행장이 전혀 상처입지 않은 상태로 탈환되었고 국군이 6월에 철수할 때 두고 간 막대한 양의 무기와 탄약도 온전한 상태 그대로 되찾았다. 유엔군은 즉각 비행장을 정비해서 20일부터 김포비행장에서 유엔공군이 작전을 할 수 있게 했으며, 김포 및 강화도 일대의 인민군 주력도 21일에는 괴멸하여 잔존 패잔병은 더 이상 위협이 되지 않았다.

인민군의 하잘것없는 저항을 물리치

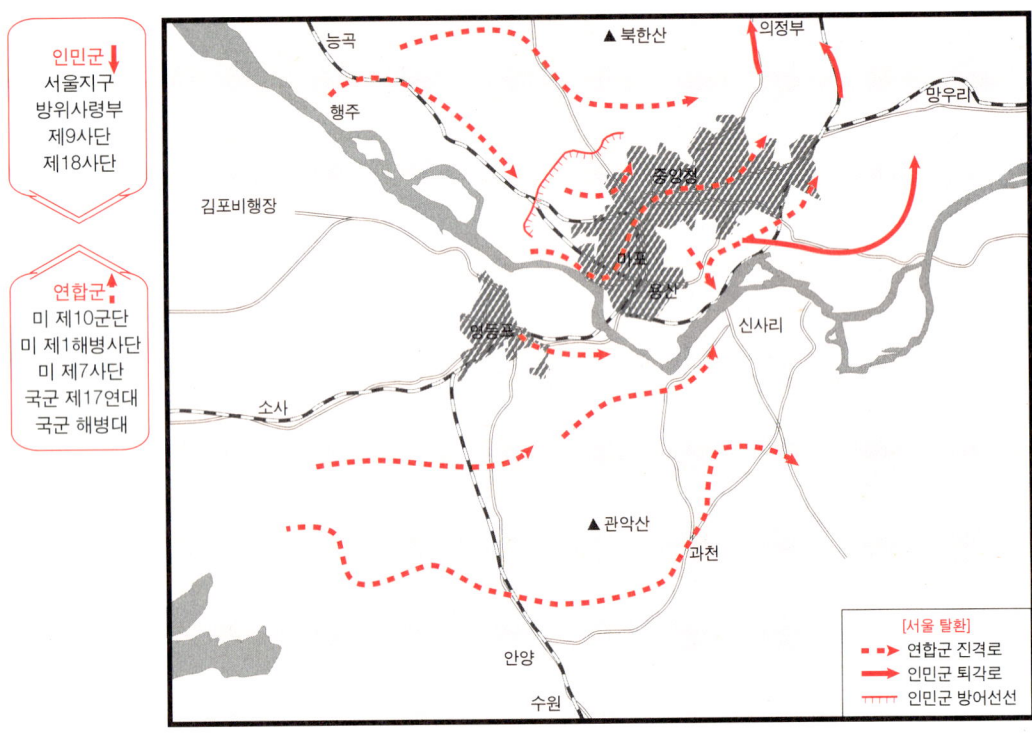

면서 전진한 미 해병 1연대는 19일 밤에 영등포 인근에 도착하였다. 영등포는 한강을 건널 수 있는 발판이자 남쪽으로 가는 교통의 중심지였으므로 인민군도 늦게나마 병력과 장비를 집결시켜 방어 준비를 하고 있었으며, 따라서 이제까지보다는 다소 힘든 전투가 기다리고 있었다. 그러나 인민군이 아무리 힘써 저항하더라도 압도적인 차원의 전력을 보유한 미군의 상대는 되지 못했다. 결국 영등포는 9월 22일에 격전 끝에 탈환되었다. 노량진 역시 다음날인 23일에 탈환되면서 미군이 한강을 도하하여 남쪽에서 서울 시가지로 들어갈 수 있게 되었다.

북쪽의 미 해병 5연대와 국군 해병대는 9월 20일에 행주 방면에서 한강을 도하하였으며, 인민군의 치열한 저항을 격파하고 그날로 서울의 서쪽 방벽인 안산과 노고산(104고지), 와우산(105고지)까지 진군하고 있었다. 이쪽 전선에서는 미군이 주력임에도 불구하고 국군이 선봉에 섰는데, 이는 서울 탈환에 대해 한국민들이 느낄 감정에 대한 정치적 배려 때문이었다.

104고지는 21일에 국군 해병에 의해

고스란히 되찾은 김포비행장. 오늘날의 김포공항이다.(상)
한강을 건너 서울로 진입하는 국군.(중)
국군의 일대가 서울을 향해 진군중이다.(하)

함락되었으나 연희고지(연세대 서쪽)는 국군이 이틀간의 공격을 가했음에도 떨어지지 않자 미 해병이 다시 공격하여 24일에 겨우 함락시켰다. 인민군이 서울 서쪽에 구축한 주저항선이었던 이들 고지가 함락되면서 서울의 서쪽 입구가 열렸다.

서울 탈환

서울 탈환의 선봉에 선 미 해병사단은 1연대, 5연대, 7연대 등 3개 연대에 각각 국군 해병대대를 하나씩 배속한 후 9월 24일부터 세 방면에서 공격에 나섰다. 5연대는 서울 서쪽의 고지들을 점령한 후 마포, 신촌 일대로 진입하였으며 1연대는 5연대 일부의 엄호 하에 노량진에서 한강을 건너 서강 일대에서 시내로 들어갔다. 7연대는 서울에 대한 직접 공격 대신 서울 이북을 포위하면서 미아리 방면으로 진출하여 인민군의 퇴로 차단을 시도하고 있었다.

해병대가 인천을 점령한 후 후속부대로 상륙한 미 육군 7사단 역시 25일부터 서울 공략에 참가하였다. 이들은 이제까지 해병사단의 우측을 방어하고 있었으나 해병의 전진이 뜻밖에 완강한 인민군의 저항으로 난관에 처하자 추가적인 포위공격을 위해 참가한 것이다. 7사단은 32연대를 서빙고 방면에서 도하시켰으며 이쪽에서 미군과 함께 서울로 진입한 부대는 정예라 해서 선발된 국군 17연대였다. 이들은 남산을 점령한 후, 시가지 중심부에 대한 직접 공격에 나서기보다는 왕십리, 중랑천 등 동쪽 방면으로 진격하여 서울을 포위함으로써 해병의 전진을 원호하였다.

본격적인 시가전은 25일 야간부터였으나 인민군의 저항이 뜻밖에도 강했다. 인민군이 낙동강에서 불러올린 정예부대는 영등포 전투에서 괴멸되었고 서

시가전으로 인해 아수라장이 된 서울 시내.(상)
서울 탈환 후 열린 환도식 참석을 준비하는 이승만 대통령 내외. 영부인 프란체스카 여사는 오스트리아 사람이다.

울 시내의 주력부대는 25일 밤부터 의정부 방면으로 철수하고 있었음에도, 일부 인민군의 저항이 계속되었던 것이다. 이로써 26일 중에 서울 탈환을 완료할 수 있을 것이라던 애초의 예측은 빗나가고 전투가 계속되었다.

인민군은 지난 1주일간 시민들을 동원해서 서울 시내 곳곳에 마대진지를 구축해놓았고, 여기에 기관총과 대전차 지뢰 및 일부 직사포까지 배치해 놓고 지연전을 시도했다. 게다가 곳곳의 건물에 저격수가 배치되어 있었으므로 해병대는 완강하게 저항하는 인민군 바리케이드를 항공기와 전차, 포병의 지원을 받아 하나하나 쳐부수며 전진했다.

미 해병 1연대와 함께 작전하던 국군 해병 2대대는 남아있던 인민군의 저항을 뚫고 26일에는 서울시청, 27일 06시 10분에는 중앙청(구 국립중앙박물관) 지붕에 태극기를 게양하여 기세를 올렸다. 인민군이 완전히 철수하여 서울 시내가 완전히 연합군의 손에 들어온 것은 28일 새벽이었으며, 북한산 일대에서는 인민군 패잔병 추격 및 소탕전이 전개되었다. 대한민국 정부는 29일 12시에 중앙청에서 환도식을 거행함으로서 91일만의 서울 탈환을 축하하였다.

9.28 수복 당시 상공에서 내려다본 중앙청 일대의 모습.(상) 서울 탈환 중 중앙청에 태극기를 올렸던 해병 2대대 소속 양병수, 최국방 해병이 환도식에서 한 번 더 태극기를 게양하고 있다. 실제 전투중에는 정식 깃대가 아닌 돔 위의 첨탑에 게양했었다.(하)

인천상륙작전에 참가한 함선들

**필리핀 시
(USS Philippine Sea,
CV-47)**

2차 세계대전중 미국이 24척을 건조한 2만 7000t의 에섹스 급 항공모함으로, 1946년에 취역했기 때문에 한국전쟁이 첫 실전이었다. 인천상륙작전에서는 항공지원의 주력이었으며 흥남철수작전에도 참가했고 한국전쟁이 끝날 때까지 유엔 해군의 주력함 중 하나였다.

**로체스터
(USS Rochester,
CA-124)**

2차 세계대전중 미국이 3척을 건조한 1만 3,700t 급의 오레곤시티 급 중순양함 중 하나. 다만 필리핀 시와 마찬가지로 전후에 완성되어 한국전쟁이 첫 실전이었다. 인천상륙작전에서는 함포사격으로 작전을 지원했으며 1953년 봄까지 흥남철수작전을 비롯한 여러 작전에 참가하였다.

마운트 매킨리
(USS Mount McKinley, AGC-7)

1944년에 취역하여 레이테 만 해전 등 2차 세계대전에도 참가한 12,550t 급의 상륙작전 전용 지휘함. 직접 상륙부대를 싣거나 자체적인 무장을 갖추지 않고, 순전히 사령관이 효율적으로 지휘를 할 수 있도록 통신장비만 잔뜩 싣고 다니는 배이다. 이런 배는 미국에만 있다.

수송선 5종

LCVP_ Landing Craft, Vehicle, Personnel의 약자. 보병을 해안에 직접 내려놓는 상륙정으로 상륙작전시 최선두에 투입된다. 영화 〈라이언 일병 구하기〉 초두에 많이 나오는 그 배다.

LCT_ Landing Craft Tank의 약자. 전차를 해안에 내리기 위해 싣고 가는 전차양륙정.

LST_ Landing Ship Tank의 약자. 겉보기에는 보통 배지만, 뱃머리에 열 수 있는 문이 달려 있어서 항만시설이 없는 지역의 해안에 직접 차량이나 병력을 내려놓을 수 있다.

APD_ 구축함을 개조한 고속수송선으로, 혼자서는 먼 거리를 갈 수 없는 LCVP 4척과 여기 탈 160여 명의 병력을 나를 수 있다.

LSD_ 혼자서 멀리 갈 수 없는 LCT 3척과 여기 실을 전차 등을 모두 탑재하고 움직일 수 있는 상륙전용 대형 수송선이다.

3 북진, 낙동강에서 압록강까지

낙동강의 반격

낙동강 전선의 유엔군은 인천상륙작전이 성공적으로 완수되자 이에 호응하여 공황에 빠진 인민군을 협공하기 위해 9월 16일부터 대대적인 공세를 감행했다. 그러나 이 공세는 뜻밖에도 실패로 돌아갔는데, 이는 유엔군의 예상과 달리 낙동강 전선의 인민군이 전혀 혼란에 빠지지 않았기 때문이었다. 인민군의 9월 공세는 아직 끝나지 않았고, 낙동강 전선 전 구역에서는 누가 공격하고 누가 방어하는지 알 수 없는 혼돈이 이어졌다.

인천상륙작전이 성공하면 보급로가 차단된 인민군이 지리멸렬해질 것이라던 자신의 예상이 빗나가자 초조해진 맥아더 원수는 전선에 보다 가까운 군산에 한 번 더 상륙하여 직접적으로 인민군의 후방을 위협하는 방안을 심각하게 고려하기 시작했다. 사실 인민군의 행동이 맥아더의 예상과 달랐던 것은 인천에 유엔군이 상륙한 사실 자체를 이들이 전혀 몰랐던 탓이었다. 때문에 인민군 지휘관들은 그 전에 내려온 명령에 따라 공세를 계속했고, 이런 혼전은 18일까지 이어졌다.

이때 인민군 지도부의 의도는 유엔 상륙군은 가능한 경인 지역의 부대로 방어하면서 낙동강 전선에서는 공세를 계속하여 부산을 공략하는 것이었으며, 이를 위해 전방 부대에 상륙작전 소식을 알리지 않았다. 그러나 서울 방어를 위해 일부 병력을 낙동강에서 철수시키면서 후방이 차단되었다는 사실이 퍼졌고, 마침내 국군 1사단이 19일에 다부동을 돌파하였다. 이로써 인민군은 결정적으로 붕괴하기 시작하였다.

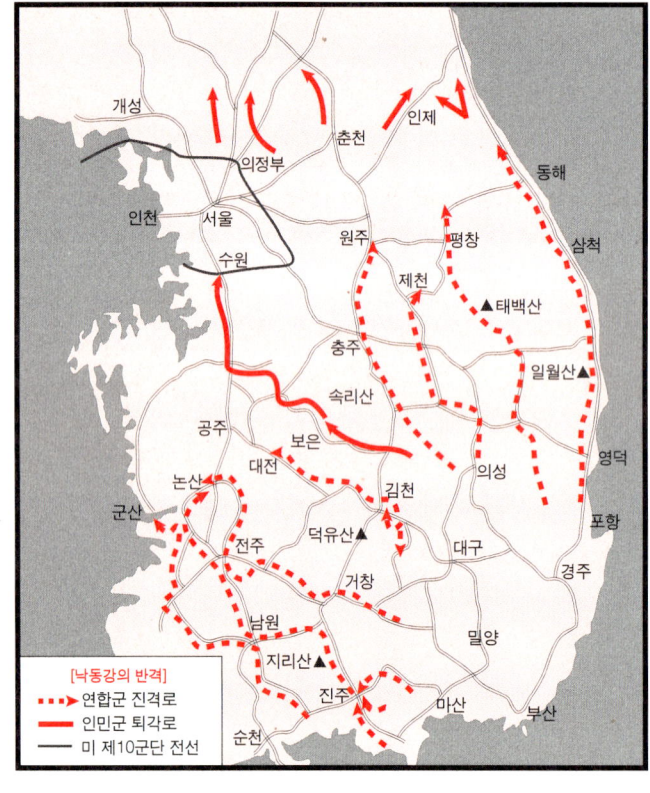

인민군 수뇌부는 이때까지도 병력을 남쪽에서부터 순차적으로 철수시켜 금강-소백산맥선에서 전선을 재구축하고 유엔군을 막으려고 계획했다. 그러나 전선의 핵심인 대구 일대에서 국군 1사단에 이은 미 1기병사단이 왜관을 돌파하여 회전축의 중심이 되는 ㄱ자 형태의 전선 중간을 차지하면서 이 작전은 수포로 돌아갔다. 게다가 더 버텨야 하는 동부전선도 곳곳이 돌파되면서 낙동강 전선의 인민군은 모래성처럼 무너졌다.

인민군의 와해로 경부축선이 개방되자 유엔군 선발대는 상륙작전에 참가한 병력과 합류하기 위하여 전속력으로 줄달음쳤고, 마침내 9월 26일 밤에 두 부대가 오산에서 만나 서울과 부산이 육로로 연결되면서 작전이 종료되었다. 하지만 속도를 너무 중시하느라 중간에 조우한 인민군 패잔병들을 제대로 처리하지 않은 탓에 이들 중 다수가 무사히 북한으로 탈출하거나 산으로 들어가 빨치산 활동을 하며 피해를 준 점은 유엔군의 작전상 실수였다고 할 수 있다.

병력을 잔뜩 태우고 낙동강 방향으로 이동중인 국군의 GMC 트럭 대열.

경남 서부 지역에서 체포된 빨치산 혐의자.(좌)
목총으로 사격술 예비훈련을 받고 있는 보충병. 1950년 9월.(우)

38선 돌파

서울을 탈환하고 낙동강 전선의 인민군을 궤멸시킨 유엔군은 황해도 옹진 일대를 제외하면 전쟁 이전에 대한민국 정부가 확보하고 있던 영토를 거의 탈환하게 되었다. 이렇게 되자 전투가 치열하게 벌어지는 동안에는 제기되지 않던 전쟁의 궁극적인 목적에 대한 의문이 제기되었다. 과연 이 전쟁은 어느 선까지 계속되어야 하는가? 38선 이남 지역의 수복인가, 아니면 북한 정권의 붕괴인가?

애초에 유엔군의 참전 근거가 된 6월 27일의 유엔 결의는 인민군의 38선 이남 침범을 중단시키고 이들을 북한으로 돌려보내는 데 목적이 있다고 명시하고 있었다. 그렇다면, 서울이 탈환되고 38선 이남의 대한민국 영토가 거의 탈환된 이 시점에서 전쟁을 끝내야 할까? 대한민국 정부는 물론 이 기회에 북진통일을 완수하기를 희망하였으나 이 문제에 대한 국제사회의 태도는 찬반이 나뉘었다.

일각에서는 유엔 결의를 좁게 해석하여 38선 이남의 인민군을 축출하면 그것으로 족하다고 보며, 유엔군이 북진할 경우 중국과 소련을 자극하여 3차 세계대전을 유발할 수 있다고 생각했다. 그러나 다른 한편은 이미 유엔 해공군이 북한 전역에서 작전을 하고 있는데 지상군에 대해서만 제한을 둔다는 것은 어불성설이며, 이참에 유엔의 결의에 따른 총선거를 거부해온 북한 정권을 축출하고 48년에 실시하지 못한 선거를 실시하자는 의견이 대두하고 있었다. 미국 정부는 후자의 논리를

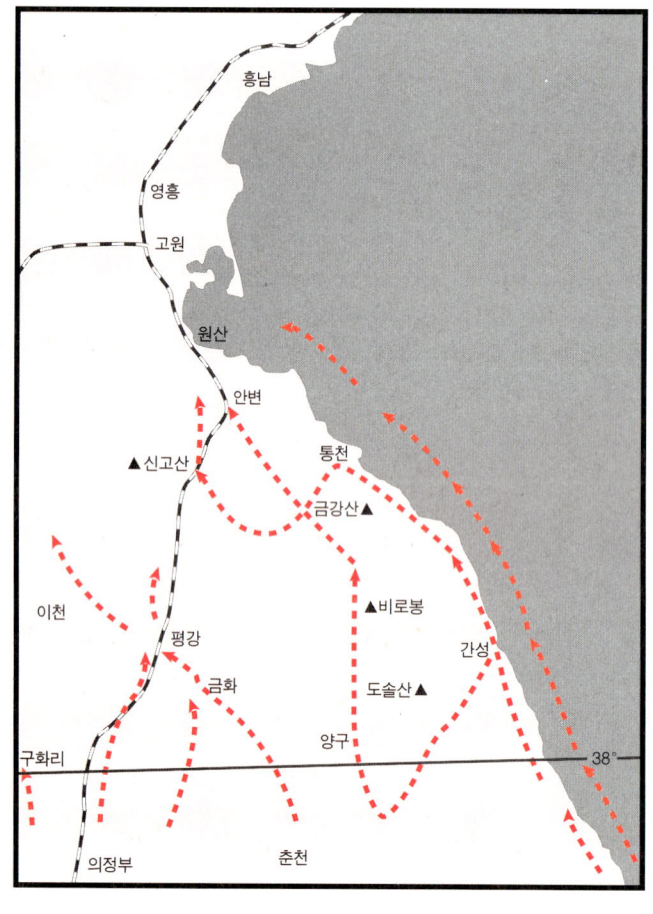

받아들여 38선 돌파 주장을 유엔에 제출, 〈즉각 정전과 모든 외국군 철수 및 한국민의 독자적인 총선거〉를 주장하는 소련의 반대를 물리치고 총회의 승인을 받았다.

유엔군의 38선 돌파를 가장 강경하게 반대한 것은 중공이었다. 중공은 국군의 북한 진입은 인정하겠지만 유엔군의 38선 이북 진입은 북한에 대한 "침략"이므로 좌시하지 않겠다고 주장하였는데, 이는 북한을 완충지대화하려는 의도 탓이었다. 실제 국군 단독으로는 유엔 해공군의 지원을 받는다고 해도 북진할 능력이 없었으므로 이는 결국 전쟁 전의 상태로 되돌아갈 뿐이었다. 이에 중공의 요구는 무시되었으며 38선 돌파가 결정되었다.

맥아더 원수는 일단 9월 30일자로 김일성 이하 인민군 수뇌부를 향해 항복 권고를 발하였으나 당연히 이는 수락되지 않았다. 이에 10월 1일자로 유엔군이 38선을 넘어 북한으로 진격하였으며, 최초로 38선을 넘은 것은 강릉에 머무르고 있던 국군 3사단 23연대였다. 이날이 국군의 날의 유래이다.

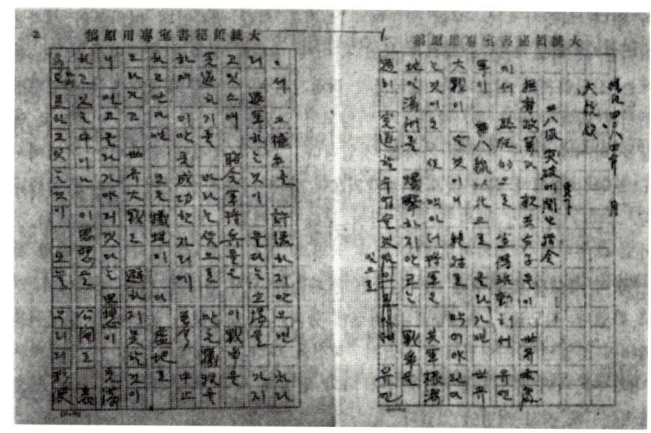
38선을 넘어 북진을 명령한 이승만 대통령의 친필 명령서.

이승만 대통령의 명령을 받은 정일권 참모총장은 유엔군 계통과는 별도로 1950년 10월 1일에 38선 돌파명령을 내렸다.
1945년 이후 공식적으로 국군이 북한에 들어간 것은 처음이었다.

평양으로 향하는 철도 이정표.(좌)
양양 인근에 있는 38선 표지판 주위에서 기념사진을 찍는 3사단 병사들.(우)

평양, 원산 함락

38선 이북으로 패주한 인민군은 유엔군이 38선 돌파 여부를 논의하며 재정비중인 틈을 타 재편성을 시도했다. 인민군 수뇌부는 후방지역에 남아있던 병력을 필사적으로 긁어모아 3개 사단을 다시 편성하는 한편 소련에서 들여온 3천 개의 기뢰를 원산항에 부설하여 또 다른 상륙작전을 차단하고자 했다.

또한 인민군은 최초의 유엔 결의 및 소련과 중공의 외교적 압력에 의해 유엔군이 38선에서 멈출 것을 기대하고 있었으나 이는 헛된 기대였다. 유엔군은 10월 4일에 개성을 탈환하며 서부전선에서도 본격적인 북진을 시작해서 10월 9일에 38선을 넘었다. 다수의 유엔군 및 국군을 포함한 미 제1군단이 금천에 배치된 인민군 2개 사단과 4일간 치열한 교전을 펼친 끝에 양익포위전술로 12일 저녁에 이들을 섬멸함으로써 평양으로 가는 도상에는 아무것도 남지 않게 되었다.

평양으로 달려가는 유엔군은 별다른 교전 없이 말 그대로 포로를 주워 담으며 진격했으며, 일부 인민군은 미군이나 영국군을 보고 자신들을 지원하러 온 소련군인 줄 알고 좋아하다가 포로가 되는 촌극도 빚었다.

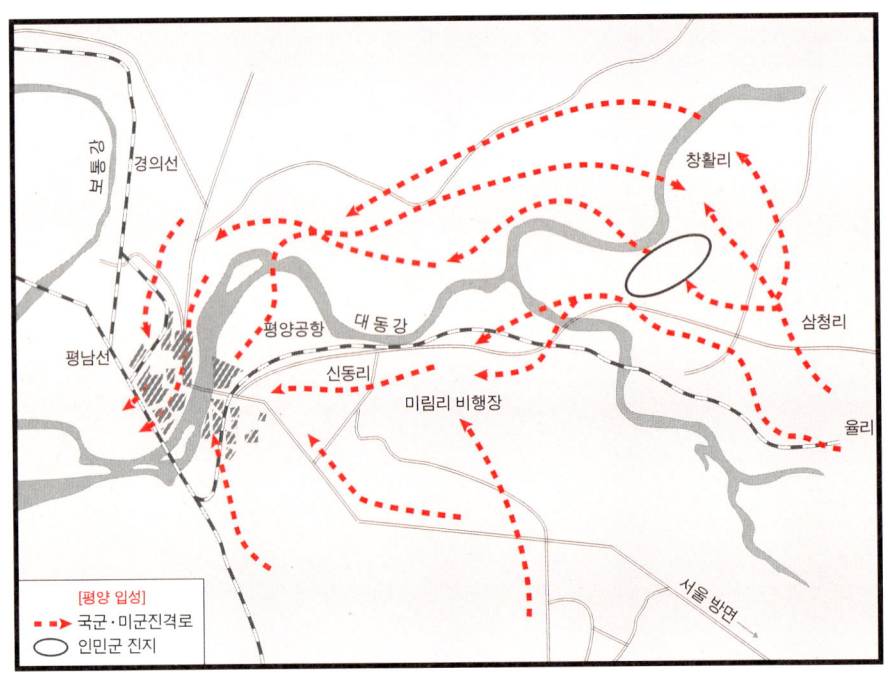

국군과 유엔군이 마침내 북한의 수도 평양 외곽에 도착한 것은 10월 18일이었다. 백선엽 준장의 국군 1사단은 미군만큼 많은 차량을 가지고 있지 못하면서도 밤새 걸어서 미군만큼 빠르게 진격했고, 덕분에 미군보다 늦게 출발하고도 더 일찍 평양에 도착하여 최초로 평양에 입성한 사단이 될 수 있었다. 게다가 백선엽 준장은 평양 출신이었으므로 대동강의 얕은 여울을 잘 알고 있어서 다리가 폭파된 대동강을 걸어서 19일 오전중에 시내에 진입했으나 도하장비를 동원한 미군은 20일 낮에야 평양 시내 중심부로 진입할 수 있었다.

이때 평양에는 김일성을 비롯한 북한 수뇌부는 이미 도주하고 없었으며, 일부 수비대가 남아서 시가전을 벌였으나 그 저항은 비교적 빈약하여 미군이 들어오기도 전 19일 중에 1사단에 의해 모두 제압되었다.

한편 원산에서는 또 한 차례의 상륙작전이 맥아더 원수의 주도하에 실행되었지만 이 작전은 원산항에 부설된 3천 개의 기뢰를 제거하는데 시간이 너무 많이 걸려 실패했다. 10월 15일에 원

평양 시민들 앞에서 연설중인 이승만 대통령. 10월 30일.(상)
스탈린과 김일성의 사진을 들고 장난스럽게 환호하는 병사들(좌)
평양 스탈린 거리의 전차정류장 표지판. 평양의 주요 거리는 모두 소련 공산당 간부의 이름이 붙어 있었다.(우)

토끼를 이긴 거북이

원래 미군은 평양 공격에서 국군을 빼놓으려고 했다. "차량이 부족한 국군은 느려서 안 된다"는 말을 들은 1사단장 백선엽 장군은 "미군은 낮에 차를 타고 밤에 자지만, 우리는 밤에도 자지 않고 걷겠다"고 주장한 끝에 평양 공략전에 참가하는 것을 허락받았다. 1사단은 말 그대로 쉬지 않고 걷는 한편 몇 대 안 되는 차량을 릴레이로 돌렸고, 그 결과 더 나중에 출발했으면서도 전 병력이 차를 타고 달린 미군보다 하루 빨리 평양에 도착할 수 있었다. 1사단의 지원부대로 배속된 미군 전차중대와 대공포대 병사들은 "지금 우리는 1사단!"이라면서 늦게 도착한 미군들에게 통쾌해 했다고 한다.

원산 근처에서 교통정리 중인 국군 헌병. 국군 수도사단과 제3사단은 38선을 넘은지 불과 10일만에 원산에 도달했다.

산에 상륙할 예정이던 미 10군단은 26일에야 상륙할 수 있었고, 원산은 이미 육상으로 진격한 국군 1군단이 10월 11일에 점령한 뒤였으므로 원산상륙작전은 결국 1개 군단이 근 1개월을 허송세월한 것밖에 되지 않았다.

"소련군이 아니었어?!"

10월 17일 밤, 인민군 패잔병을 격파하면서 전진하던 영연방 27여단 3대대(호주군)는 사리원에 입성해 있었다. 그런데 난데없이 인민군의 일대가 당당하게 시가지로 들어오더니 호주군을 환영하는 것이었다. 이들은 호주군을 자신들을 지원하러 온 소련군으로 잘못 생각했던 것인데, 주변이 어둡기도 해서 호주군 역시 이들을 미군 소속의 카투사로 오인하고 말았다. 그런데 이 '카투사'들이 "스탈린"을 연호하는 것을 들은 소대장 한 명이 그제야 적군이라는 것을 알고 자기 부하들과 행동을 시작하면서 급작스럽게 교전이 시작, 인민군 150명을 사살하면서 호주군은 단 1명의 손실을 입는 대승을 거두었다.
미군은 아예 소련군인 '척'하고 연극을 꾸며 숨어있는 인민군을 꼬여내서 1개 소대를 포로로 잡기도 했다.

압록강 도달

서부전선에서 평양, 동부전선에서 원산을 점령한 국군과 유엔군은 마주치는 인민군 패잔병들을 일일이 포로로 잡을 여유도 없이 파죽지세로 북진했다. 맥아더 원수는 크리스마스 이전에 전쟁을 끝내고 참전한 미군 장병들을 일본으로 돌려보내겠다고 호언했고, 전쟁이 곧 끝날 테니 병력이나 보급품도 더 필요하지 않다고 할 정도였다. 실제 이 시점에서 인민군은 거의 와해되어 조직적인 저항은 거의 사라진 상태였다.

이에 힘입은 맥아더는 중공군의 개입을 우려해 설정했던 유엔군의 진격 제한선도 폐지했다. 북진을 결정한 9월 27일에는 국군을 제외한 유엔군은 정주—영원—함흥선(한만국경에서 150~170km)까지만 진격하도록 했으나 평양 함락을 눈앞에 둔 10월 17일에는 그 제한이 선천—고인동—평원—풍산—성진(국경에서 48~64km)을 잇는 '맥아더 라인'으로 조정되었다. 마침내 10월 24일에는 이것도 풀려 유엔군의 전 부대는 어떤 제약도 없이 국경까지 내달릴 수 있었다. 당시 중공측은 국군을 제외한 유엔군이 한만국경에 접근할 경우 이를 중공에 대한 침략의도로

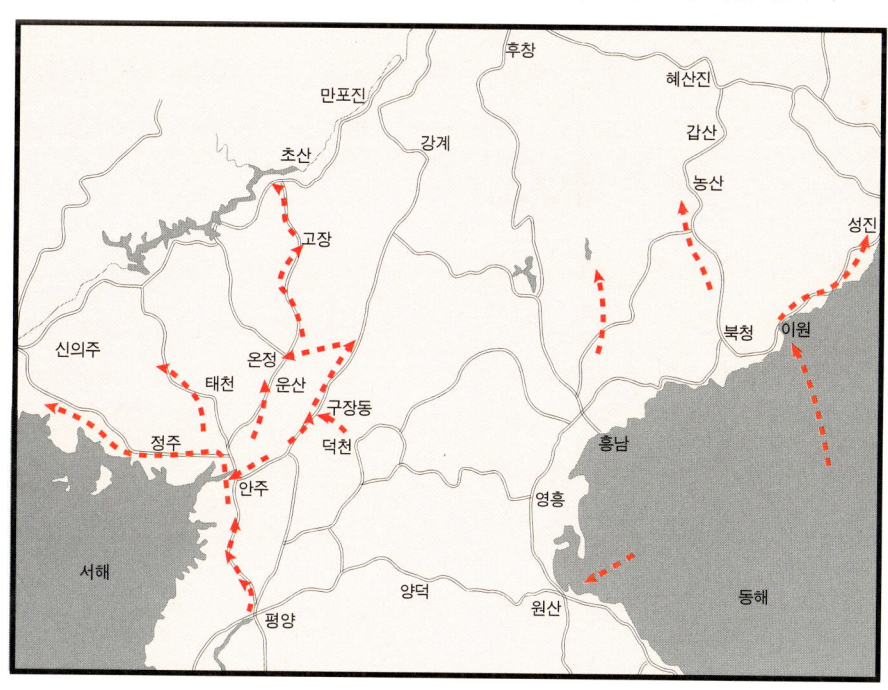

초산에 도달한 6사단 장병 중 한 사람이 압록강 물을 수통에 담고 있다. 하지만 중공군의 개입이 시작되면서 이들은 며칠 버티지 못하고 남쪽으로 철수해야만 했다.

1950년 12월 21일, 압록강변 혜산진의 한만 국경에 도달한 미군 병사들이 강 건너 만주땅을 바라보고 있다. 한국민들은 통일이 다가왔다고 설레어했으나 중공군의 개입으로 그 꿈은 무산되었다.

간주하겠다고 위협했으나, 맥아더를 비롯한 미군 수뇌부는 이를 말뿐인 엄포로 간주하여 무시하고 있었다.

인민군의 빈약한 저항을 돌파하고 쾌속 전진한 국군 6사단 7연대 1대대는 마침내 10월 26일 14시 15분에 초산에 도달해 태극기를 꽂았다. 압록강에 도착한 장병들은 만세를 부르고 압록강 물을 수통에 담으며 눈앞에 다가온 통일을 축하했다.

한편 북한 통치권 문제가 새로운 정치적 갈등을 낳고 있었다. 한국 정부는 수복한 북한 지역에 대해 직접 통치를 시도하였으나 유엔은 한국 정부에 북한에 대한 통치권이 없다고 판정했다. 38선 이남에서는 주민들이 선거를 통해 대한민국 정부 구성에 참여하였지만 38선 이북에서는 그렇지 않았으므로 현재의 한국 정부는 북한 지역 주민들을 대표할 수 없으며, 따라서 한반도 전역에 걸친 총선거를 통해 새로운 통일정부를 구성한 후에야 북한 지역에 대한 통치권을 이양할 수 있다는 입장이었다. 때문에 유엔군은 북한 지역에서 군정을 실시하려고 했다.

이런 갈등으로 인해 일부 지역에서는 한국 정부와 유엔군 사령부 측의 관리가 대립하는 상황까지 생겨 점령정책 시행이 혼선을 빚을 정도였다. 결국 양측은 전쟁이 아직 진행중인데 이런 문제로 내부갈등을 빚는 것은 합당치 않다고 보고 조정을 통해 이 문제를 해결

유엔 공군의 압록강 철교 폭격.

하려 하였으나 군사적 사정의 급변으로 인해 이 문제는 풀릴 기회도 없이 묻히게 되었다. 중공군의 개입으로 유엔군이 북한에서 밀려났기 때문이다.

웨이크섬 회담(맥아더와 트루먼)

평양 함락 직전인 1950년 10월 15일, 미국의 트루먼 대통령과 유엔군 사령관 맥아더 원수는 전쟁 상황에 대한 대화를 위해 중부 태평양의 웨이크 섬에서 전략회담을 가졌다.

이때 맥아더는 인민군의 저항은 곧 끝날 것이며 중공군은 적절한 개입 시기를 놓쳤기 때문에 개입하지 않을 것이라는 낙관론을 펼쳤다. 또한 만약에 중공군이 개입하더라도 그 병력은 5~6만 정도에 불과할 것이고 중공군은 공군도 갖지 못했으므로 유엔군이 쉽게 대처할 수 있다는 것이었다. 소련의 개입 가능성에 대해서도 맥아더는 극히 부정적이었으며, 이 회견의 결과 맥아더에게 설득된 트루먼은 전쟁이 조기에 끝날 것으로 확신하고 기존의 북진 제한을 철폐하였다. 이 회담의 결과 트루먼이 전황을 낙관하면서 병력 및 보급품의 추가 지원이 제한되고 유엔군이 중공군에 대한 대비를 하지 않은 것은 후에 중공군이 출현하면서 쓰라린 패배를 겪는 주요 원인이 되었다.

특수전 또는 비정규전

한반도에서 벌어진 비정규전의 시초는 제주도와 지리산 일대에서 벌어진 게릴라전이다. 하지만 이는 전쟁이 터지기 전 대한민국 정부의 군대와 경찰에 의해 거의 토벌되었으며, 이들을 지원하고 대한민국의 혼란을 부추기기 위해 북한에서 남파한 게릴라들도 대부분 38선 인근에서 격멸되거나

1951년 12월 지리산 부근에서 체포된 빨치산들이 송요찬 (왼쪽에서 두번째) 8사단장이 지켜보는 가운데 하차하고 있다.

활동 중 소탕되어 1950년 6월 당시에는 미미한 숫자만 남아 있었다. 이때 활동한 공산주의 게릴라를 빨치산(파르티잔, partisan) 또는 공비(공산비적, 共産匪賊)라고 한다.

숨어있던 빨치산들은 전쟁이 시작되어 인민군이 한반도 대부분 지역을 석권하자 산을 내려왔으나, 인천상륙작전으로 전세가 뒤집히자 다시 입산하여 인민군의 복귀를 기다리며 제2전선을 구축하고 항전했다. 이때 원래 빨치산 출신자들뿐 아니라 퇴로가 막힌 인민군 패잔병이나 인민군에 협조하던 민간인들까지 입산하면서 빨치산의 규모나 전력은 전쟁 전보다 압도적으로 강력해졌다. 이를 가리켜 남부군이라고도 하나, 실제 남부군은 여러 빨치산 부대 중 하나일 뿐이지 빨치산 전체를 가리키는 말은 아니었다.

그러나 군경의 지속적인 토벌로 빨치산 세력은 급격히 축소되었고, 1955년 4월 1일에는 토벌이 거의 완료되었다고 판단되어 지리산 일대의 입산금지가 해제되었다. 이후로도 지속적인 토벌 및 귀순이 이루어져 지리산 일대의 빨치산은 1964년에 완전히 소멸하였다.

북한 지역에도 전쟁 이전에 반체제 세력에 의한 게릴라 활동이 일부 산악지대를 중심으로 존재했다. 그러나 북한 내의 반체제세력은 무장투쟁보다 남쪽으로의 탈출을 선호했던 때문에 38선 이남에서 벌어진 것과 비교하면 그 규모가 매우 작았다. 전선이 정체된 후에는 미국 및 한국 군당국이 북한 후방을 공격하기 위해 많은 부대를 창설한 바, 켈로(KLO) 부대가 대표적이다.

지리산 빨치산을 다룬 최진실, 안성기 주연의 영화 남부군.

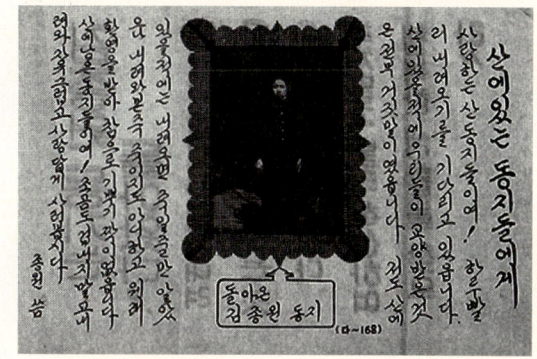
'산에 있는 동지들에게'
한국 전쟁 당시 후방 지역인 지리산 일대에서 활동하던
빨치산들의 전선 이탈을 부추기기 위해
한국군에서 제작 살포된 전단이다.

켈로와 같이 미군이 운용한 비정규전 부대들은 대개 북한 출신의 민간인들로 조직되었으며 북한 지역의 섬 또는 산악지대에 거점을 두고 인민군 후방에 대한 습격이나 파괴 공작 등 유격전을 벌였다. 이로 인해 인민군은 대규모 병력을 전선에서 빼돌려 후방에 배치해야 했고, 이는 남쪽에서 빨치산이 제2전선을 형성한 것과 같은 성격의 작전이었다.

휴전 협정이 체결되자 유엔군은 점거하고 있던 백령도 이북의 모든 섬을 북한에 넘겨주고 철수했는데 일부 유격대원들은 공산당으로부터 고향을 되찾아야 한다면서 휴전을 거부하고 북한에 남았다. 1954년까지도 이들로부터 지원을 요청하는 무전 연락이 있었다고 한다.

IV

_ 압록강에서 3.8선까지

기동전과 각개격파

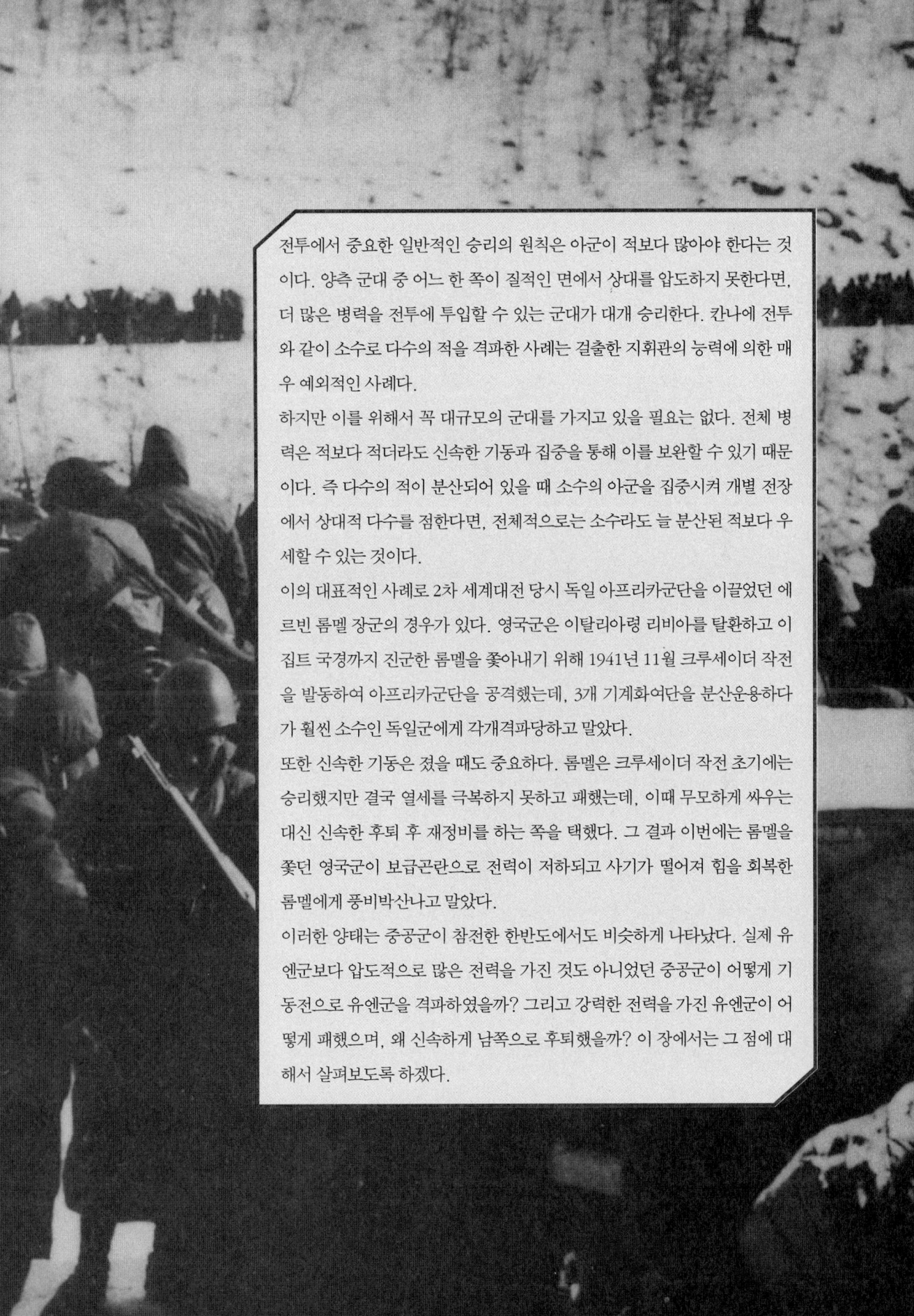

전투에서 중요한 일반적인 승리의 원칙은 아군이 적보다 많아야 한다는 것이다. 양측 군대 중 어느 한 쪽이 질적인 면에서 상대를 압도하지 못한다면, 더 많은 병력을 전투에 투입할 수 있는 군대가 대개 승리한다. 칸나에 전투와 같이 소수로 다수의 적을 격파한 사례는 걸출한 지휘관의 능력에 의한 매우 예외적인 사례다.

하지만 이를 위해서 꼭 대규모의 군대를 가지고 있을 필요는 없다. 전체 병력은 적보다 적더라도 신속한 기동과 집중을 통해 이를 보완할 수 있기 때문이다. 즉 다수의 적이 분산되어 있을 때 소수의 아군을 집중시켜 개별 전장에서 상대적 다수를 점한다면, 전체적으로는 소수라도 늘 분산된 적보다 우세할 수 있는 것이다.

이의 대표적인 사례로 2차 세계대전 당시 독일 아프리카군단을 이끌었던 에르빈 롬멜 장군의 경우가 있다. 영국군은 이탈리아령 리비아를 탈환하고 이집트 국경까지 진군한 롬멜을 쫓아내기 위해 1941년 11월 크루세이더 작전을 발동하여 아프리카군단을 공격했는데, 3개 기계화여단을 분산운용하다가 훨씬 소수인 독일군에게 각개격파당하고 말았다.

또한 신속한 기동은 졌을 때도 중요하다. 롬멜은 크루세이더 작전 초기에는 승리했지만 결국 열세를 극복하지 못하고 패했는데, 이때 무모하게 싸우는 대신 신속한 후퇴 후 재정비를 하는 쪽을 택했다. 그 결과 이번에는 롬멜을 쫓던 영국군이 보급곤란으로 전력이 저하되고 사기가 떨어져 힘을 회복한 롬멜에게 풍비박산나고 말았다.

이러한 양태는 중공군이 참전한 한반도에서도 비슷하게 나타났다. 실제 유엔군보다 압도적으로 많은 전력을 가진 것도 아니었던 중공군이 어떻게 기동전으로 유엔군을 격파하였을까? 그리고 강력한 전력을 가진 유엔군이 어떻게 패했으며, 왜 신속하게 남쪽으로 후퇴했을까? 이 장에서는 그 점에 대해서 살펴보도록 하겠다.

1 | 중공군의 참전

중공군의 참전배경

중공이 처음부터 전쟁에 직접 끼어들려고 한 것은 아니었다. 인민군 창설을 지원하기 위해 전쟁 발발 전 중공군 내의 한국인 장병을 대량으로 인민군에 편입시킨 것은 사실이나 이는 국공내전이 종식됨에 따라 군대 규모를 감축시키기 위한 작업의 일환으로서의 성격이 강했고, 중공군이 인민군으로 위장하고 참전한다는 의미는 없었다. 그 증거로 이들 한국인 부대에 소속되어 있던 중국인 장병들은 북한에 들어가지 못하고 전원 중국에 남아야 했다.

또한 중공 수뇌부는 한반도에 원정하는 것 말고도 당장 할 일이 많았다. 대만에 틀어박힌 장개석 정권을 축출하여 통일을 마무리해야 했고, 각지에 널려있는 군벌 잔당 등 반혁명의 잔재들도 청산해야 했으며 오랜 전란으로 황폐화된 경제도 일으켜야 했다. 때문에 많은 군인들이 부대 단위로 노동현장에 배치되었는데 이는 이들이 전쟁터 대신 경제건설에 투입됨을 의미하는 것이었다. 실제 모택동은 전쟁 발발 후 김일성에게 조언 이상의 실제적인 도움을 주지 않았다.

이러한 기조가 무너진 계기는 인민군의 급격한 패배였다. 인천상륙작전 이후 인민군이 모래성처럼 무너지고 유엔군이 북한을 점령할 것으로 보이자 김일성은 소련의 스탈린에게 지원을 요청했으나, 미국과의 마찰을 우려한 스탈린은 소련군을 참전시키는 대신 중공에게 참전을 권유했다. 김일성 역시 직접 중공에게 지원을 요청하자 중공 수뇌부는 참전 여부를 심각하게 고

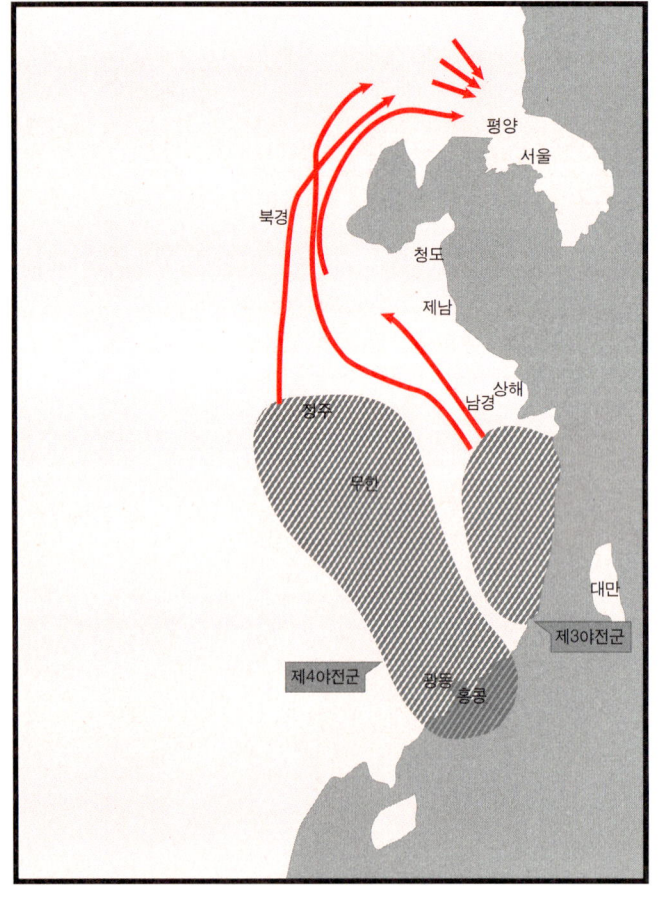

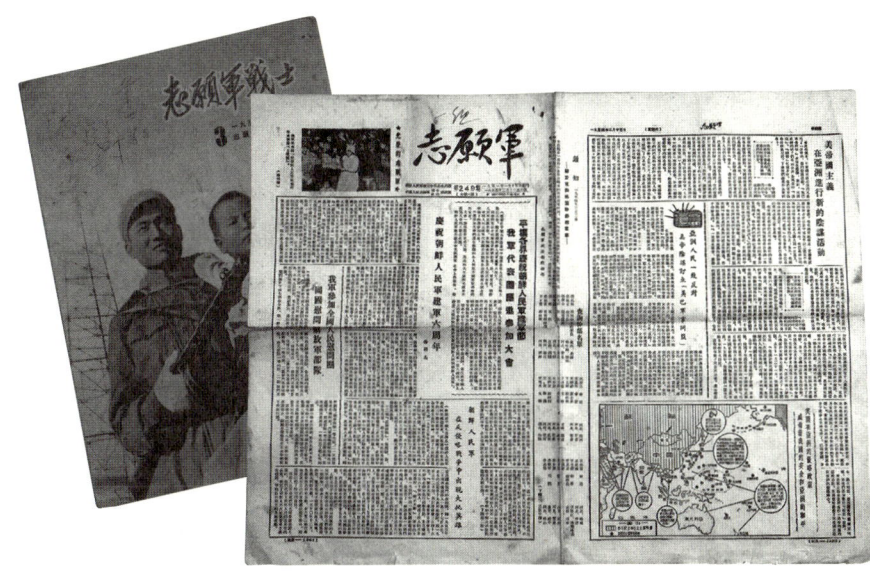

중공군은
미국에 맞서는
조선 인민을
도와(抗美援朝)
참전했다는 의미로
중국인민지원군이라는
명칭을 사용했으며,
자신들은 스스로 참전한
의용군이라고 주장했다.
하지만 실상 이들은
중공 정규군인
인민해방군이
명찰만 바꿔단 것이었다.

민한 끝에 모택동의 결단으로 참전을 결정했다. 모택동은 북한이 완전히 붕괴한 후 미국의 영향을 받는 한국이 국경을 위협하는 상황을 원하지 않았다.

모택동이 소련의 파병 요구를 수락하며 내세운 조건은 유엔군의 막강한 공군력에 대응하기 위한 소련 공군의 엄호였다. 그러나 미국과의 직접 충돌을 원하지 않은 스탈린은 이를 거부하고 대신 군수물자 지원을 약속했다. 소련 공군의 지원 없이 참전해야 한다는 사실을 알게 된 모택동은 15일로 예정된 입북을 중단시키고 전쟁을 해야 하는지 심각하게 고민했지만 결국 참전하기로 결정했다.

중국 내부의 참전반대론

이미 패배한 인민군을 도와 참전해야 하는가의 여부는 중공 지도부 내에서도 논란거리였다. 중앙군사위 부주석이자 전쟁영웅으로서 이름 자체가 신화였던 임표조차 현재 중국은 미국과 싸울 형편이 아니라고 주장하면서 출병에 반대했지만 모택동의 강력한 의지로 인해 결국 출병안이 통과되었다. 그러나 사령관 자리를 제안받은 임표는 몸이 좋지 않다는 핑계로 취임을 거절했고, 그 대신 팽덕회가 사령관 겸 정치위원으로 추대되었다.

마침내 10월 19일자로 '인민지원군'이라고 개칭한 중공군 선두부대 12개 사단이 압록강을 건넜다. 26일에는 2진으로 6개 사단이 들어오면서 북한 지역에 들어온 중공군은 총 18개 사단, 26만여 명이 되었다. 다만 이들은 아직

출전 대오를 갖춘 중공군. 1950년 10월 중순에 약 40만명의 야전군을 한만 국경에 집결시키고 한국전쟁 참전 준비를 마쳤다.(좌) 중공군 인민지원군 569단 명령서.(우)

소련으로부터 무기를 본격적으로 공급받기 전이어서 절반은 일본군에게서 노획한 일제, 절반은 국민당에게서 노획한 미제 무기로 무장하고 있었다.

이 미제 무기들은 미국 정부가 국민당 정부군을 무장시켜 일본군과 싸우게 하려고 원조한 것인데, 뜻밖에 본래 주인을 향해 겨누어지게 된 것이다.

마침내 모택동의 결단이 내려지자 '인민지원군'이라고 개칭한 중공군 선두 부대 12개 사단은 공중지원의 부재 및 장비의 부족을 무릅쓰고 10월 19일자로 압록강을 건넜다. 이들은 개입 사실을 가능한 숨기기 위해 착용하고 있는 군복에서 중공군 특유의 별 표시를 모두 떼어 언뜻 보아서는 중공군이라는 것을 알 수 없도록 했으며, 연대급 이상 고위 간부들에게는 인민군 복장을 입도록 해서 위장했다. 또한 모든 병력 이동은 야간에 실시하고 주간에는 산

북한 지원 요청을 받은 뒤 한국전쟁 참전을 위한 군사회의 중인 팽덕회와 중공군 장교.(좌) 중국군의 복장은 두껍게 솜을 누빈 면제품으로 눈에 잘 띄지 않은 황갈색였으며, 공격할 때 나팔을 불고 징을 치는 등 유엔군에게 심리적인 압박을 가했다.(우)

속에서 취침함으로써 유엔군의 항공정찰로부터 자신들의 존재를 철저히 은폐하였다.

26일에는 2진으로 6개 사단의 중공군 병력이 추가로 들어오면서 북한 지역에 들어온 중공군의 총수는 총 18개 사단, 26만여 명이 되었다.

이와 같이 침투한 중공군은 도로를 따라 진군하는 유엔군의 측방과 후방에서 기습할 준비를 갖추었다. 하지만 유엔군은 전혀 눈치를 채지 못했다.

1950년 2월 14일, 중국 소련 우호 조약 체결 당시의 모택동과 스탈린.(좌)
1950년 10월 2일 전보 중 '모택동 군사문선'의 일부. (우)
노획한 중공군의 소련제 무기. (하)

가짜 장군으로 길 비키게 하기

압록강을 넘어 갓 입북한 중공군은 기밀 유지를 위해서 행군 중 마주친 인민군들에게도 자기들이 중국에서 온 지원군이라는 사실을 철저히 숨겼다. 어떤 중공군 부대는 이것 때문에 곤란을 겪기도 했는데, 전선으로 통하는 외길에서 마주친 인민군 부대가 이들에게 길을 비켜 주려 하지 않았던 것이다. 중국 지원군이라고 정체를 밝힐 수가 없으니, 전 인민군이 후퇴하는 판에 전선으로 가게 길을 비키라고 요구할 수도 없었다.

전진하려는 중공군과 후퇴하려는 인민군이 잠시 옥신각신하는 사이, 중공군 지휘관들은 풍채 좋은 간부 한 사람을 골라 인민군 장군복을 입혀서 앞으로 내보냈다. 장군이 나타나자 그때까지 버티던 인민군 지휘관은 두말없이 길을 비켰다고 한다.

2 전세 역전과 1.4 후퇴

전선 붕괴와 철수

국군 1사단은 10월 25일에 텅 빈 운산 시가지에 진입하다가 강력한 적군과 조우했는데, 그 과정에서 이상한 복장을 입고 한국어를 하지 못하는 포로를 잡았다. 중국어를 구사할 수 있는 사단장 백선엽 준장이 직접 심문한 결과 이 포로는 광동 출신의 중공군이며 운산 인근에만 이미 2만 명의 중공군이 들어왔음이 판명되었다.

> **유엔군에 대한 중공군의 분석**
>
> 유엔군과 첫 전투를 치른 후 중공군은 국군과 미군의 단점에 대해 이렇게 평했다.
> "미군은 강력한 전차와 포병, 공군을 가지고 있으나 보병은 약하다. 죽음을 두려워하고 사수하겠다는 의지도 없으며 야간에는 움직이지 않는다. 보급이 끊기면 전의를 상실할 것이고 후방을 차단하면 스스로 물러날 것이다. 한국군은 모든 면에서 미숙하며 미군의 3분의 1에도 미치지 못한다."

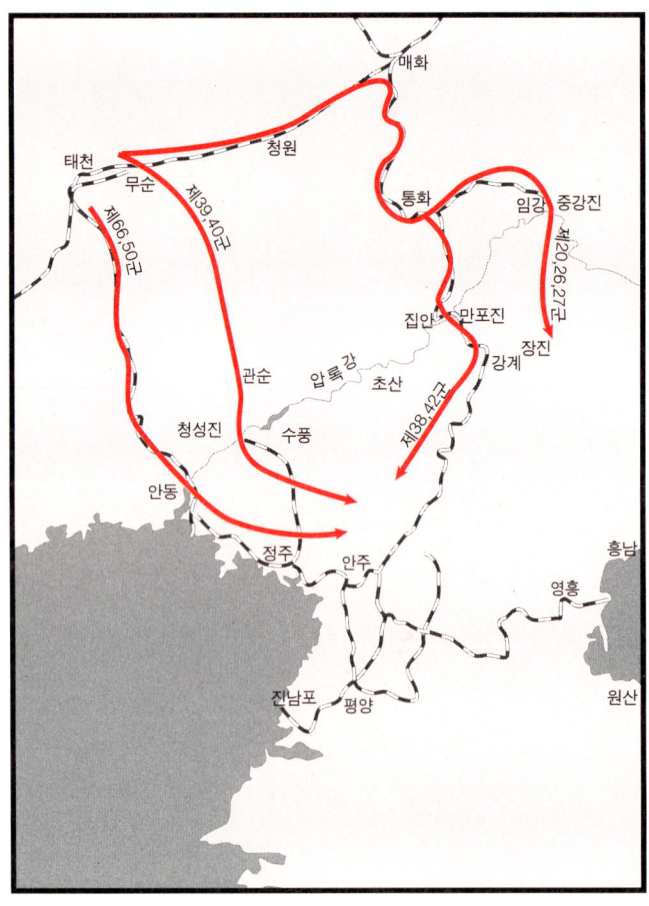

다음날인 26일에는 벽동을 향해 진격하던 국군 6사단 2연대도 이상한 복장의 포로 2명을 잡았는데, 심문해 보니 역시 중공군이었다. 뿐만 아니라 정체불명의 적이 연이어 공격해 옴에 따라 6사단 2연대는 붕괴되고 말았으며, 초산에 도달한 7연대도 정체불명의 적에게 포위되어 간신히 후퇴했다.

국군만 중공군과 조우한 것도 아니었다. 1사단의 전진이 멈추자 대신 나선 미군 1기병사단도, 1해병사단은 11월 2일에 수동 일대에서, 7사단 역시 11월 2일 풍산에서 중공군과 조우했다. 이를 물리치고 진격한 7사단 17연대는 11월 21일에 혜산진에 도착하여 국경에 도달한 두 번째 부대가 되었다. 호되게 당한 서부전선의 국군과 유엔군은 청천강 선까지 물러났다.

하지만 유엔군 사령부는 수많은 증거들을 외면하고, 북한에 들어온 중공군은 소수이며 그 목적은 수풍 수력발전소 보호라고 주장했다. 그리고 이러한 오판을 근거로 11월 24일부터 크리스마스까지는 전쟁을 끝낸다는 크리스마스 공세를 발동했으나 완전히 실패했다. 공세 하루만인 25일부터 중공군의 대대적인 반격이 시작되었으며 24일 하루 전진한 유엔군은 그대로 덫으로 걸어들어간 꼴이었다. 25일 야간의 대대적인 반격으로 국군 2군단이 하룻밤 사이 붕괴되며 8군 전체가 위기에 빠졌으나 막 참전한 터키군 여단이 27일부터 3일간 중공군의 돌파를 막아냄으로써 이날부터 청천강 선으로 총퇴각을 시작한 8군이 시간을 벌 수 있었다.

중공군이 보잘것없는 보급과 화력으로

유엔군에 생포된 중공군 포로. 미군들은 중공군 포로를 직접 심문하고서도 중공이 한국전쟁에 참전했다는 것을 믿지 않았다.

도 막강한 유엔군을 격파할 수 있었던 것은 자신들의 장점을 잘 활용했기 때문이다. 오랜 게릴라전으로 단련된 중공군은 산악지대의 야간 도보 이동에 능숙했으며, 주간에는 산속에서 휴식하면서 항공기의 정찰을 피했다. 또한 공격에 나설 때는 약한 적을 먼저 깨트림으로서 적진에 구멍을 내고 후방에 혼란을 조성하여 무질서한 철수를 유발한 뒤 매복 공격을 했다. 매번 한국군 사단들을 먼저 공격한 것도 그 때문이었다. 게다가 크리스마스 공세 당시 중공군의 병력은 이미 60만에 달하고 있었다.

수풍발전소란?

수풍댐은 남만주 및 북한지역의 산업지대에 전력을 공급하기 위해 일본의 하사마 건설이 압록강에 건설한 수력발전소로서, 완공에 7년이 걸린 당시 동양 최대의 댐이자 세계 최대 규모의 발전소였다. 소련군의 약탈과 북한의 관리부실로 1950년 당시에는 발전능력이 상당히 저하되어 있었으나 북한 및 남만주의 전력 수요는 이 발전소에 여전히 크게 의존하고 있었다.

장진호 전투와 흥남 철수

동부전선에서 미 10군단의 공세는 11월 27일부터 시작되었다. 이때 서부전선은 이미 총퇴각에 들어가 있는데도 전진을 시도한 10군단은 곧바로 중공군의 저항에 직면했다. 선두에 있던 1해병사단은 12개 사단의 중공군이 장진호 일대에 설치한 포위망에 걸려들었는데, 전진을 위해 분산되어 있던 각 연대는 12월 4일에야 간신히 중공군의 포위를 뚫고 사단사령부와 비행장이 있는 하갈우리에 집결할 수 있었다.

사단장 스미스 소장은 상부의 제안대로 항공철수할 경우 장비는 물론 활주로 엄호부대 일부 역시 버려야 한다는 점 때문에 이를 거부하고 사단 전체와 함께 육로로 흥남까지 철수했다. 이때 사단장은 부하 장병들에게 "우리는 철수하는 것이 아니라 다른 방향의 적을 공격하는 것이다! 전진!"이라고 명령함으로써 '절대 물러서지 않는 해병'의 기상을 세웠다.

중공군은 이 기회에 정예인 해병사단을 섬멸하고자 총 8개 사단을 투입했으나 12월 8일부터 철수를 시작한 해병사단은 중공군의 끈질긴 공격과 지독한 혹한이라는 난관을 모조리 돌파하고 도리어 중공군에게 막대한 타격을 주면서 12월 11일 오후 11시까지 흥남에 도착하는 데 성공했다. 장진호 전투는 미 해병대가 겪은 최악의 전투 중 하나였으며 여기 참가한 중공군은 너무도 피해가 커서 이후 작전에 참여하지 못할 정도였다.

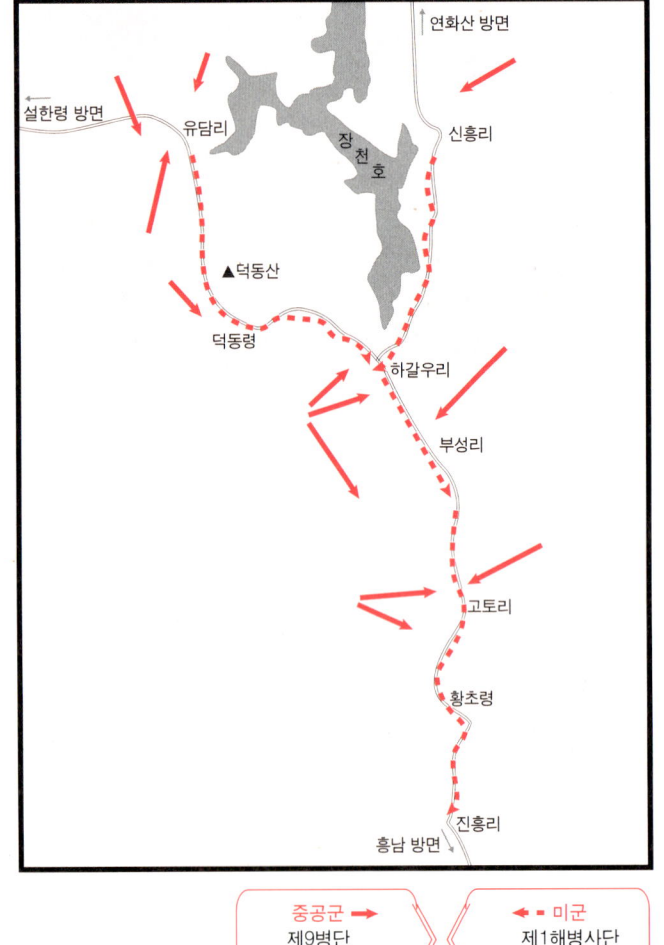

서부전선에 이어 동부전선에서도 대규모 중공군의 출현이 확인됨에 따라 철수는 피할 수 없게 되었으나 육로는 이미 막혔고, 해상철수만이 가능한 상황에서 발생한 문제가 이남으로 가겠다는 20만에 달하는 피난민이었다. 국군과 미군을 합쳐 10만5000명에 달하는 병력과 대량의 장비, 보급품을 철수시켜야 하는 부담을 지고 있던 미군 지휘부는 애초에 피난민은 버리고 갈 생각이었으나 차라리 우리가 걸어서 후퇴하겠다는 한국군 지휘관들과 통역관 현봉학 등의 적극 반대로 인해 배에 태울 수 있는 만큼은 데리고 가기로 결정하였다. 이로 인해 약 10만의 민간인이 군대와 함께 흥남을 떠났으며, 이때 미국 상선 메레디스 빅토리 호는 고작 2천 명쯤 태울 수 있는 배에 무려 1만 4000여 명의 피난민을 태워 역사상 사람을 가장 많이 구한 배라는 기록을 세우기도 했다. 공산군은 유엔군의 철수를 방해하려고 시도했으나 해병사단과의 전투에서 입은 피해가 워낙 큰데다 유엔군의 함포와 전폭기로 인해 흥남 가까이 다가설 엄두도 내지 못했다.

흥남 주변에 모인 국군과 유엔군은
공산군이 이용하는 것을 막기 위해
주변지역을 초토화했다.
10월 24일, 흥남 주변 공업지대를 불태우고 있다.(상)
흥남 부두를 가득 메운 채
승선 순서를 기다리는 피난민들.(하)

119

1.4 후퇴

크리스마스 공세의 실패가 분명해진 뒤에야 맥아더를 비롯한 유엔군 지휘부는 중공군의 대량 참전을 인식했으나 그 규모 및 전술에 대해서는 여전히 과소평가하고 있었다. 그러던 중 후위부대였던 미 2사단이 후방으로 침투한 중공군의 매복 기습으로 군우리에서 궤멸당하자 이젠 또 중공군을 과대평가하기 시작했고, 언제 중공군이 후방으로 파고들지 모른다는 두려움에 말 그대로 도망치기 시작했다. 실상 중공군은 이때 보급품 고갈로 더 이상 전투를 할 수 없는 상태였지만 유엔군은 이를 파악하지 못했다.

당초 평양—원산 선에서의 방어를 고려하던 유엔군은 중공군에 대한 공포로 38선까지 전면 철수를 결정했다. 강력하게 저항할 것이라 예상한 유엔군이 후퇴하자 도리어 중공군이 놀랐고, 양군 사이의 간격은 엄청나게 벌어졌으나 차량이 거의 없고 야간에만 행군하는 중공군으로서는 유엔군을 따라잡을 수 없었다. 신속하게 후퇴한 유엔군은 임진강 선에서 잠시 휴식을 취할 수 있었다.

12월 21일, 백선엽의 국군 1사단은 또다시 대량의 중공군을 발견하고 2명을

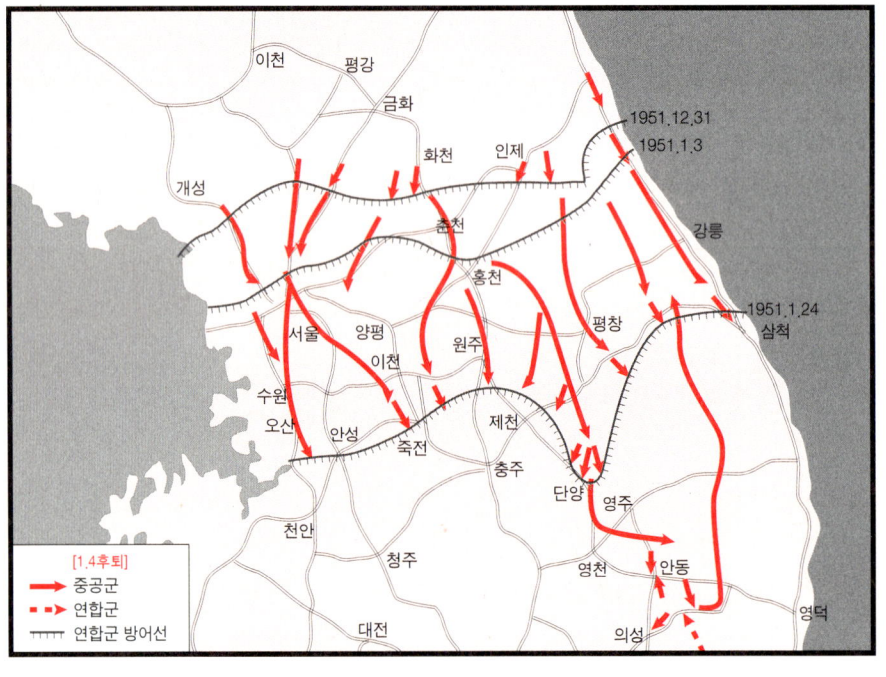

생포했다. 중공군의 남하를 깨달은 8군 내부에서는 더 남쪽으로, 나아가 일본으로 철수하자는 의견까지 나오고 있는 판국이었으나 전임자 워커 중장이 교통사고로 사망하고 새로 부임한 8군 사령관 리지웨이 중장이 장병들의 패배주의를 일소하고 새로이 전투태세를 갖춰나갔다. 하지만 전력을 증강하고 떨어진 사기를 다시 올리려면 시간이 필요했다.

하지만 중공군 쪽에서는 그런 여유를 줄 생각이 없었다. 38선에서 전선이 고착화될 것을 염려한 모택동이 진격 명령을 내렸고, 이에 따라 12월 31일부터 중공군의 3차 공세가 시작되었다. 주 목표는 역시 국군이었으며 표적이 된 1사단과 6사단은 인해전술에 휘말려 돌파당하고 말았다. 결국 현 전선을 유지하는 것은 무리이며, 자칫하다간 전군이 포위될 것을 염려한 리지웨이의 명령으로 서부전선의 국군 및 유엔군은 서울을 포기하고 얼어붙어 장애물의 가치가 없는 한강을 건너 평택—안성까지 후퇴했다. 1951년 1월 4일 중공군이 진주하면서 서울은 두 번째로 공산군의 손에 들어가게 되었다.

후퇴하는 유엔군과 피난민.(상)
맥아더와 리지웨이.(하)

한편 중공군이 아닌 인민군이 주가 된 중부, 동부전선에서는 유엔군이 일방적으로 철수한 서부전선과 달리 격전이 벌어졌다. 그러나 인민군만으로는 유엔군을 끝까지 밀어붙일 수 없었고, 유엔군은 평택—안성—원주—단양—삼척을 잇는 선에서 정지할 수 있었다.

3 유엔군의 반격

중공군의 약점과 유엔군의 회복

중공군의 3차 공세는 서울을 빼앗았을 뿐 아니라 유엔군의 사기에 심대한 타격을 입혔다. 맥아더 원수만은 중국 본토에 대한 전면전으로 보복하자고 주장했으나 나머지 사람들은 압도적인 장비를 가지고도 중공군의 1차, 2차, 3차의 연이은 공세에서 모조리 패배한 나머지 중공군의 전력에 대해서 미신적인 공포감을 가지고 철수를 심각하게 고민하고 있었다. 심지어 서울을 내준 상태에서 즉시 휴전하자는 비공식 제의까지 할 정도였으나, 그동안의 승리로 자만심이 붙은 중공측이 휴전을 거부하면서 현 전선에서 전투가 그칠 가능성은 사라졌다.

사실 이 시기 중공군에 대한 두려움은 허상이었다. 중공군은 제대로 된 보급 수단이 없었는데 이는 게릴라전에는 유리했지만 대군이 벌이는 전면전에는 취약한 특징이었다. 중공군은 공세 준비를 위한 보급품 축적에 적어도 1개월의 시간을 필요로 했고, 전진하는 부대에게 보급품을 전달할 수단이 없기 때문에 일단 공세가 시작되면 모든 병사는 각자 휴대한 보급품만 가지고 싸워야 했다. 이런 한계로 인해 지난 세 차례의 중공군 공세는 매번 단 8일이었고 (10/25~11/1, 11/25~12/2, 12/31~1/7), 유엔군이라면 무너진 적군을 추격하여 전과를 확대했을 시점에 그 자리에 멈춰서 재정비에 들어가야만 했다.

게다가 3차 공세를 너무 서두르면서 아직 재정비가 완료되지 않은 시점에서 무리하게 공세를 펼친 탓에 정비중인 부대들을 투입하지 못했고, 유엔군 섬멸보다 서울 함락을 우선시하여 보다 방어가 취약한 중부전선 대신 서부전선에 병력을 투입한 탓에 유엔군을 섬멸할 기회를 놓쳤다. 또한 전선이 남쪽으로 내려오자 보급선이 길어져 공습에 노출되면서 보급도 취약해지는 등 중공군은 참전 초기보다 훨씬 약화되었으며, 유엔군의 철수조차 자신들을 끌어들인 후 또 한 번 인천상륙작전과 같은 대규모 포위전을 펼치려는 유인작전이라고 의심하여 한강 일대에서 더 이상 전진하지 못하고 있었다.

유엔군은 도무지 나타나지 않는 적을 기다리다 지친 나머지 1월 15일과 22일 두 차례에 걸쳐 연대 규모의 위력정찰을 펼치면서 비로소 중공군의 실태

까맣게 타버린 고목 앞에서 중공군의 내습을 경계중인 국군 병사.

를 파악했다. 중공군의 취약성이 알려지자 유엔군의 사기가 오름은 물론 유엔군을 구성하는 각국 정부의 분위기도 바뀌었고, 유엔은 휴전 결의 대신 2월 1일의 총회에서 중공을 침략자로 규정했다. 이때 리지웨이 중장은 전 전선에 걸쳐 대대적인 반격 작전을 실시하고 있었다.

유엔군의 반격과
중공군의 4차 공세

서부전선에서 1월 25일부터 시작된 리지웨이의 반격, 썬더볼트 작전은 그전까지의 유엔군 공세와는 달랐다. 전임자인 워커가 기갑부대를 앞세워 도로를 따라 신속하게 기동하며 적군을 돌파하는데 중점을 둔 것과 달리, 리지웨이는 중공군의 우회전술을 막기 위해 전군이 나란히 연결된 상태로 조심스럽게 진격할 것을 명령했다. 또한 특정 지점의 탈취보다는 적 병력의 격멸에 중점을 두어 전진을 서두르지 않았다. 1월 31일에는 유엔군이 안양—양평 선에 도달했고, 중공군의 저항이 미약한 것은 아직 전투준비가 부족하다는 의미임을 깨달은 리지웨이는 적극적으로 공격하라는 명령을 내렸다. 진격선상의 주요 고지인 수리산과 관악산이 격전 끝에 함락되면서 유엔군 선두부대는 2월 10일에 다시 한강변에 설 수 있었으며, 김포반도에 있던 인민군도 별 저항 없이 한강을 건너 북쪽으로 퇴각했다. 지금 서울을 공략한다는 것은 무리라고 여긴 유엔군은 일단 정지했다. 중부전선의 반격은 서부전선의 승세가 확실해진 1월 31일부터 시작되었다. 역시 진격 초기에는 별 저항이 없었으

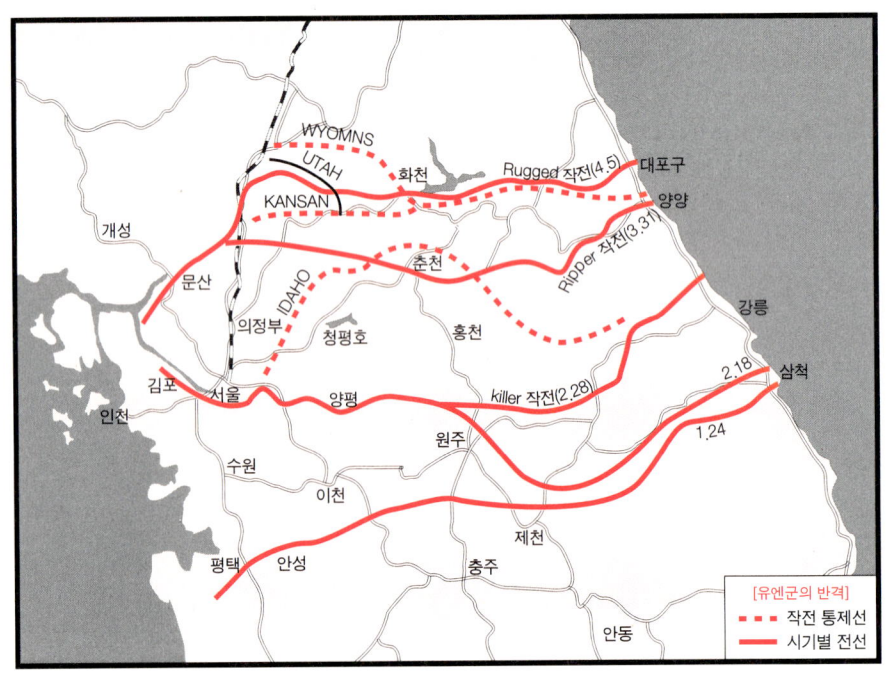

나 홍천에 접근하면서 공산군의 저항이 강해졌고, 중공군과 인민군의 대부대가 홍천 일대에 집결함이 확인됨에 따라 이들을 몰아서 섬멸하기 위한 라운드업 작전이 기획되었다. 그러나 초기에는 미미한 것 같던 중공군의 저항이 강해지면서 선두에 선 국군 2개 사단의 전진은 곧 멈췄으며 추가로 1개 사단을 투입했으나 효과는 없었다. 한편 보다 동쪽에서는 비교적 순조롭게 창동, 대관령, 강릉 등이 탈환되었다.

중공군 쪽에서도 가만있지는 않았다. 평지가 많아 유엔군에게 유리한 서부전선 대신 산악지형인 중부전선에서 2월 11일부터 시작된 중공군의 4차 공세는 이번에도 취약한 횡성 일대의 국군 사단들을 먼저 격파하고 주력인 미 10군단을 포위하는 데 목적이 있었다. 방어준비가 되지 않은 상태에서 7배가 넘는 중공군의 공격을 받은 국군 8사단은 완전히 붕괴됐고 3사단과 5사단은 큰 피해를 입고 후퇴했다. 자칫하면 10군단 전체가 포위될 뻔 했으나, 12일부터 15일까지 벌어진 지평리 전투에서 미 23연대와 프랑스군 대대가 중공군의 돌파를 저지하는데 성공함으로

치열한 전투 중인 유엔군.

써 2월 18일까지 계속된 중공군의 4차 공세는 실패로 돌아갔다. 지평리 전투는 중공군의 인해전술에 대해서 유엔군이 최초로 승리한 전투였으며, 중공군의 4차 공세는 최초로 실패한 공세가 되었다.

127

4 전선정체

서울 탈환과 38선 수복

언뜻 생각하기에 중공군의 4차 공세를 격퇴한 유엔군의 다음 목표는 마땅히 서울이 되어야 했겠으나, 실제로는 그렇지 않았다. 미군이 3월 7일부터 시작한 공세(리퍼 작전)의 일환으로 포천, 의정부 방면으로 진격하는 동안 백선엽의 국군 1사단이 한강을 앞에 두고 3월부터 도강훈련과 시가전 훈련에 들어갔으나, 이는 공산군의 주의를 돌리기 위한 리지웨이의 양동작전이었다. 리지웨이의 이같은 계획은 서울 지역의 공산군을 측면에서 포위함으로써 전투 없이 서울을 되찾고자 하는 데 있었다. 서울이 포위되면 공산군은 스스로 후퇴하거나 항복할 수밖에 없을 것이고, 유엔군은 한강을 등진 시가전을 피할 수 있기 때문이다. 이는 신속한 정치적 성과를 원하는 한국 정부나 맥아더 사령부의 의지에는 반하는 일이었으나, 리지웨이는 정치적 목적 때문에 무리한 시가전을 감행하여 병력을 희생시킬 의사가 없었다. 결국 중공군이 스스로 철수하면서 3월 15일에 서

부서진 인민군의 SU-76 자주포 (일명 사마호트, 76mm 포 탑재)를 놀이터 삼아 놀고 있는 아이들.

울은 다시 1사단에 의해 탈환되었다. 9.28 수복 때와 같은 치열한 시가전은 벌어지지 않았다.

예상보다 빠른 서울 탈환으로 정치적 효과는 얻었으나 목표로 한 중공군 주력의 유인 섬멸은 실패했다. 그뿐 아니라 서울의 인구는 피난으로 인해 20만으로 줄었고, 4차례에 걸친 전화로 시내는 폐허가 되어 있었다. 게다가 언제 중공군이 도로 밀어닥칠지 몰랐으므로 정부는 임시 수도 부산에 계속 머물러 있었다.

서울을 탈환한 유엔군은 서울의 안전을 확보할 만한 공간의 여유를 얻기 위해 중공군의 주력을 찾아 격멸하고 적어도 임진강 선까지는 전선을 끌어올려야 했다. 그러나 서울 및 춘천, 문산 등에서 공산군은 유엔군의 포위망이 형성되기 직전 탈출하는 행동을 반복함으로써 병력 손실을 막았고, 막힘 없이 전진한 유엔군은 3월 26일까지 임진강 선을 확보할 수 있었다.

동부전선에서는 양양이 국군 1군단에게 점령되었으며, 4월 1일부터 9일까지 행해진 유엔군의 전선정리를 위한 공세로 임진강─연천─화천저수지─양양으로 이어지는 '캔자스 라인'이 형성되었다. 이로써 유엔군은 재차 38선을 넘었으나, 이번에는 북진통일이 아닌 유리한 전술적 방어선 확보가 목적이라는 점에서 지난번과 차이가 있었다.

한편 큰 교전 없이 38선에서 철수한 공산군은 인민군이 유엔군에 대한 지연전을 감행하는 사이 중공군이 다음 공세를 준비하는 식으로 역할을 분담하고 있었다. 중공군의 반격이 다가오고 있었다.

임시 수도 부산에 자리잡은 대한민국 정부 청사.

중공군의 5,6차 공세와 소련의 휴전 제의

그동안 확전을 주장하여 협상을 원하는 워싱턴과 대립하던 맥아더 원수가 4월 11일에 해임되자 리지웨이가 그 후임을 맡았다. 한편 유엔군은 캔자스 라인보다 북쪽에 와이오밍 라인이라는 새 방어선을 확보하기로 결정하고 4월 11일부터 공세(돈틀리스 작전)를 시작했는데, 22일부터 공산군의 강력한 저항이 있더니 이날 밤부터 중공군의 5차 공세가 있었다.

이번 공세에서 중공군은 서울을 목표로 서부전선에 전력을 집중했다. 역시 이번에도 전력이 약한 서부전선의 국군 1사단과 영국 29여단, 중부의 6사단 등이 목표였으며 6사단은 격파되었으나 1사단은 중공군을 저지한 첫 국군 사단이 되었다.

비록 일부 부대가 후퇴하기는 했으나 중공군의 공세는 5일만에 저지되었는데, 이는 중공군이 가진 화력과 보급의 난점, 후방 상륙에 대한 우려, 그리고 결정적으로 유엔군이 방어의 요령을 깨달은 데 따른 것이다. 또한 리지웨이의 후임자 밴플리트가 전임자와 달리 서울 방어를 중시했다는 차이도 있었다.

유엔군은 실지를 회복하고 전략목표 달성을 위해 5월 7일부터 중동부전선의 인민군을 상대로 반격을 시작했다. 이로써 전선이 38선까지 북상할 수 있었으나, 중공군의 6차 공세가 곧바로 시작되었다. 유엔군은 중공군의 6차

트루먼과 맥아더.(좌) 맥아더 해임 특종기사. 맥아더는 미 의회 퇴임 연설문에서 "노병은 죽지 않는다. 다만 사라질 뿐이다" 라는 말을 남겼다.

휴전협정에 임하는 양측의 대표.(좌) 1953년 아이젠하워 미 대통령에게 휴전협정에 반대하는 이승만 대통령의 편지.

공세 시기는 맞게 판단했으나 그 방향은 잘못 예측했다. 서울을 노릴 것으로 여겨 예비대를 서부전선에 집중했더니 중부전선에 주공이 집중된 것이다. 중공군은 중동부전선의 국군 6개 사단을 모조리 격멸하여 서부전선의 유엔군을 고립시키고 협상에서 유리한 입지를 차지할 의도였다.

5월 16일부터 시작된 중공군의 6차 공세는 하루만에 현리 일대의 국군 3군단을 2중 포위망에 끌어넣어 공중분해시켰다. 그러나 포위망의 동쪽 날개인 인민군이 제때 진출하지 못했으며, 백선엽 소장의 국군 1군단과 미 3사단이 상황 수습에 나서 중공군의 전진을 저지했다. 전진한 중공군은 보급부족에 처한데다 도리어 미군의 후방 차단으로 포위섬멸당했다.

이로써 중공군의 6차 공세 역시 실패로 돌아갔으며, 패배한 중공군이 화급히 철수하자 국군과 유엔군은 5월 20일부터 반격을 시작했다. 3월 말까지 국군 및 유엔군은 대량의 포로를 잡고 전략 목표인 와이오밍 라인을 확보, 거의 현재의 휴전선까지 북진한 유리한 입장에서 협상을 기다릴 수 있게 되었다. 마침내 유엔 주재 소련 대사 말리크가 6월 23일에 휴전을 제안했다.

미그 VS 세이버

한국전쟁 초기 며칠 이후 제공권은 늘 유엔군에게 있었다. 압도적인 항공력을 보유한 유엔군은 중공이나 소련 영공에는 들어갈 수 없었지만 한반도 어디든 자유롭게 날아다니면서 공격을 가할 수 있었다. 이런 절대적인 우세는 중공군의 참전 이후 뒤집혔다. 소련은 중공이 참전하는 대가로 중공에게 최신 제트전투기인 미그15를 제공했고, 1950년 11월 8일에 처음 등장한 미그15는 당시까지 유엔군이 투입한 모든 항공기를 압도하는 전투력을 가지고 있었다. 이에 미국은 황급히 최신 전투기인 F-86 세이버를 배치하여 균형을 회복했다.

공산군은 만주 공격이 금지된 유엔군의 입장을 이용하여 만주 일대의 비행장에 미그기들을 배치해서 유엔군이 공습할 수 없도록 하고, 만주에서 북한으로 들어가는 보급로 및 후방지역을 미군 폭격기로부터 보호하는 데 미그기를 주로 투입했다. 얼마 안 가 북한 공군도 미그기를 운용하게 되었으나, 중공군과 인민군 모두 숙련된 조종사가 부족했기 때문에 2차 세계대전에서 단련된 많은 조종사를 보유한 미 공군의 상대가 되지 못했다. 결국 소련은 대공포 부대와 함께 상당수의 조종사를 직접 투입하여 공산군을 지원하였다.

그러나 미국과의 대립을 걱정한 소련은 모든 전투기에 중공군이나 인민군 마크를 그려넣고 조종사에게 러시아어를 쓰지 못하게 하는 등 이 사실을 숨기려고 했으며, 조종사가 포로가 되거나 시체가 유엔군의 손에 들어갈 것을 우려하여 청천강 이남

MIG-15. 최고시속1,075km를 기록함으로써 그 당시로는 가장 빠른 항공기로 상승률과 작전상승고도 및 선회율 면에서 당시 경쟁기인 F-86보다 우수하였다.

으로는 출격을 금지하였다. 그러나 미군은 소련군 조종사들이 비행 중 무심결에 사용하는 러시아어를 포착하는 등 소련의 참전 사실을 이미 파악하고 있었으며, 이를 공론화할 경우 소련이 본격적으로 참전할 것을 우려하여 의도적으로 은폐하였다.

이러한 사정과는 별개로 두 전투기는 확실히 훌륭한 맞수였다. 성능도 큰 차이가 없어 비슷한 실력의 조종사가 조종할 경우 쉽게 우열을 따지기 힘들었다. 다만 미그가 폭격기 요격에 중점을 두고 개발되고 조종사들도 대부분 폭격기 요격을 주로 훈련받은 초년병들인데 반해, 세이버는 제공전투에 중점을 두었으며 조종사들 역시 공중전으로 단련된 베테랑들이었다는 차이가 있었다. 이로써 미 공군은 전반적인 우세를 유지했으며, 소련군은 비교적 대등하게 싸웠으나 중공이나 북한 조종사들은 미군의 상대가 되지 않았다. 하지만 전쟁이 끝날 때까지도 미그는 매우 위협적인 존재였고 이들이 전방으로 나오는 것을 막기 위해 유엔군은 북한 내 비행장 재건을 필사적으로 저지해야 했다.

F-86 세이버. 한국전쟁 당시 미국 공군의 주축으로 유엔군의 공중 장악의 주요 임무를 수행했다.

피난민

전쟁이 일어났을 때 민간인들이 군대를 피해 도망치는 것은 흔한 일이다. 그러나 과거 전쟁에서 이는 대개 인근의 산속으로 들어가 잠시 화를 피했다가 군대가 지나가면 집으로 돌아오는 형태였으며, 농경사회에서는 농토를 돌보아야 하기 때문에 이게 당연한 일이었다. 심지어 임진왜란 당시에도 많은 백성들이 일본군 지배 지역에서 농사를 짓고 세금을 바치며 살았다.

그런데 한국전쟁 당시의 피난은 과거의 피난과는 달랐다. 국민의 대부분이 농민이었음에도 수백만의 피난민이 집을 떠나 먼 곳으로 이동했으며 이들 중 다수는 다시는 고향으로 돌아가지 못했다. 왜 이런 변화가 일어났을까?

먼저 생각해 볼 수 있는 것은 6.25의 사상적인 측면이다. 사상적인 측면에서 6.25는 계급전쟁이었으며, 대상자가 특정 성분에 해당하는 집단에 속하는 사람이라는 것만으로 공격 대상이 될 수 있었다. 심지어 적군이 쳐들어왔을 때 대항하지 않았다는 것도 부역자 혐의를 덮어쓰는 빌미가 될 수 있었다.

두 번째는 전술적인 측면이다. 인민군은 전쟁 초기부터 피난민으로 위장한 편의대를 대규모로 운용했다. 이들은 민간인 복장으로 돌아다니며 유엔군의 움직임을 살피는가 하면 방심한 장병들을 공격했다. 미군은 피난민으로 위장한 인민군에게 숱하게 당한 나머지 작전구역 내의 한국인을 모조리 후방으로 철수시키고 출입을 금지시키는 극단적인 처방까지 사용할 정도였다. 본의 아니게 고향에서 쫓겨난 이들 역시 피난민이 되었다.

세 번째는 체제선호적인 측면이다. 국군과 유엔군이 북한에서 철수할 때 강요하지 않았음에도 수십만의 피난민이 월남했다는 것은 북한 체제가 그만큼 신망을 얻지 못했음을 의미한다. 전쟁 초기 낙동강까지 내려왔던 인민군이 38선 이북으로 다시 밀려날 때 그들을 따라나선 남쪽 주민은 거의 없었다. 이는 당시 전황이 차이가 나는 데도 원인이 있겠지만, 양 체제에 대한 해당 지역 주민들의 호감도가 동일하지는 않다는 의미일 것이다.

한국전쟁 당시 발생한 피난민의 수는 수백만이 넘지만 정확한 숫자는 아무도 모르며, 피난 과정에서 헤어진 가족도 수없이 많다. 전쟁의 와중에 헤어진 이산가족의 수도 천만이라고 하지만 정확한 수는 누구도 모른다.

전쟁 이전의 생활 기반을 잃은 많은 피난민들이 도시로 모이면서 전후 도시 인구가 급팽창한 한 가지 원인이 되기도 했다.

V

전선 교착에서 휴전협정까지

진지전과 전략폭격

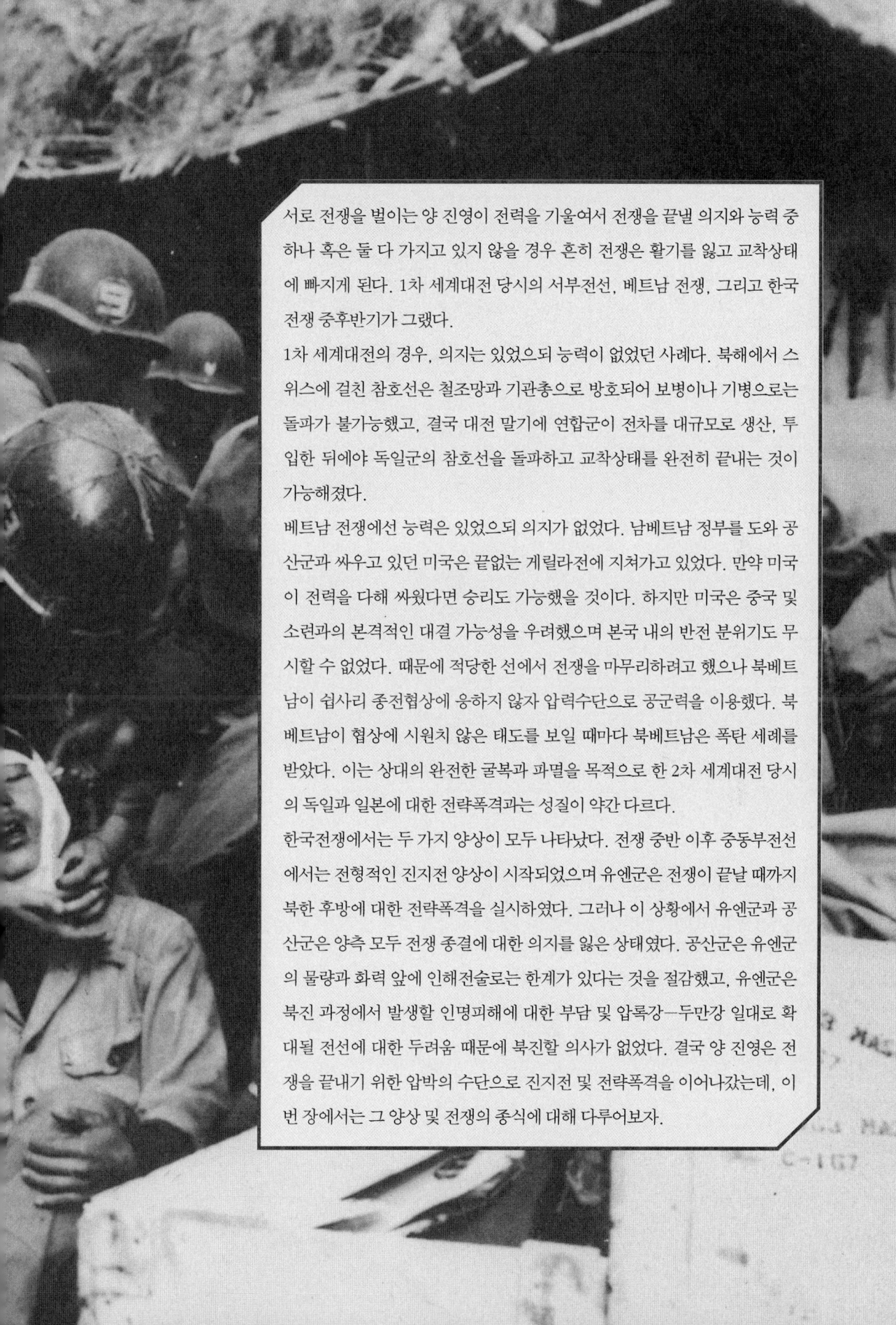

서로 전쟁을 벌이는 양 진영이 전력을 기울여서 전쟁을 끝낼 의지와 능력 중 하나 혹은 둘 다 가지고 있지 않을 경우 흔히 전쟁은 활기를 잃고 교착상태에 빠지게 된다. 1차 세계대전 당시의 서부전선, 베트남 전쟁, 그리고 한국전쟁 중후반기가 그랬다.

1차 세계대전의 경우, 의지는 있었으되 능력이 없었던 사례다. 북해에서 스위스에 걸친 참호선은 철조망과 기관총으로 방호되어 보병이나 기병으로는 돌파가 불가능했고, 결국 대전 말기에 연합군이 전차를 대규모로 생산, 투입한 뒤에야 독일군의 참호선을 돌파하고 교착상태를 완전히 끝내는 것이 가능해졌다.

베트남 전쟁에선 능력은 있었으되 의지가 없었다. 남베트남 정부를 도와 공산군과 싸우고 있던 미국은 끝없는 게릴라전에 지쳐가고 있었다. 만약 미국이 전력을 다해 싸웠다면 승리도 가능했을 것이다. 하지만 미국은 중국 및 소련과의 본격적인 대결 가능성을 우려했으며 본국 내의 반전 분위기도 무시할 수 없었다. 때문에 적당한 선에서 전쟁을 마무리하려고 했으나 북베트남이 쉽사리 종전협상에 응하지 않자 압력수단으로 공군력을 이용했다. 북베트남이 협상에 시원치 않은 태도를 보일 때마다 북베트남은 폭탄 세례를 받았다. 이는 상대의 완전한 굴복과 파멸을 목적으로 한 2차 세계대전 당시의 독일과 일본에 대한 전략폭격과는 성질이 약간 다르다.

한국전쟁에서는 두 가지 양상이 모두 나타났다. 전쟁 중반 이후 중동부전선에서는 전형적인 진지전 양상이 시작되었으며 유엔군은 전쟁이 끝날 때까지 북한 후방에 대한 전략폭격을 실시하였다. 그러나 이 상황에서 유엔군과 공산군은 양측 모두 전쟁 종결에 대한 의지를 잃은 상태였다. 공산군은 유엔군의 물량과 화력 앞에 인해전술로는 한계가 있다는 것을 절감했고, 유엔군은 북진 과정에서 발생할 인명피해에 대한 부담 및 압록강-두만강 일대로 확대될 전선에 대한 두려움 때문에 북진할 의사가 없었다. 결국 양 진영은 전쟁을 끝내기 위한 압박의 수단으로 진지전 및 전략폭격을 이어나갔는데, 이번 장에서는 그 양상 및 전쟁의 종식에 대해 다루어보자.

1
협상을 위한 전쟁

최초의 휴전 제안 및 초기 양상

한국 시간으로 6월 24일, 전쟁 발발 만 1년 만에 행해진 유엔 주재 소련 대사 말리크의 휴전 제안은 공산군이 더 이상 승리할 가망이 없음이 명확해진 시점에서 행해졌다. 국군과 유엔군은 연이은 반격을 통해 38선 일대까지 다시 북진했고, 중공군 및 인민군의 역량으로는 다시 남진하는 것이 불가능했다. 뿐만 아니라 그 동안의 전투에서 입은 막대한 병력손실과 보급품 고갈로 유엔군이 38선을 넘어 다시 북진하는 것도 저지하기 힘든 상태였다. 이에 후방 지원에 주력하던 소련으로서도 전쟁을 중단할 필요성을 느꼈던 것이다.

한편 미국 역시 이 시점에서는 압록강까지 북진하여 무력으로 한반도를 통일시키는 것을 포기하고 대략 전쟁 전의 상태로 돌아가 휴전하는 것을 목표로 하고 있었다. 이를 위한 중국 및 소련 정부와의 막후 접촉도 진행하고 있었으며, 말리크의 공식 휴전 제안은 이런 접촉을 통한 미국 정부와의 교감을 거쳐 나온 것으로 소련이 뜬금없이 불쑥 내놓은 것이 아니었다.

미국 및 소련 정부는 이번 휴전은 순전히 군사적인 것으로 양측의 군사령관에 의해 체결되며 정치적 의미는 두지 않는다는 데 미리 합의했다. 통일의 기회를 노리고 있던 대한민국 정부는 휴전회담 개최에 대해 극력 반발했으나 유엔군의 힘에 의한 전쟁을 치르고 있었으므로 이를 거부할 수가 없었다. 만약 휴전을 거부할 경우 국제사회로부터 받고 있는 지원이 끊길 위험이 있었기 때문이다. 때문에 1군단장 백선엽 소장을 잠시 대표로 참가시키되, 휴전회담에 직접 참가하지는 못하도록 했으므로 실제 휴전회담 대표라기보다는

'내일 또 미루자?!' 한국전쟁의 휴전회담은 세계 전쟁사 어디에서도 비슷한 사례를 찾아볼 수 없을 만큼 오랜 시간 동안 진행되었다. 〈뉴욕 타임즈〉의 풍자 만화.

휴전 협상 중 북측에서 제공한 개성의 유엔군 숙소 인삼관.

한국정부와의 연락 담당 역할을 하고 있을 뿐이었다.

회담 장소를 결정하는 과정에서도 문제가 있었다. 정전회담은 중립지역에서 행해지는 것이 상례이므로 최초 유엔군은 원산 앞바다에 덴마크 병원선을 정박시키고 그곳에서 회담을 열자고 제안했는데, 이를 거부하라는 스탈린의 조언을 받은 공산군 측에서는 이를 거부하고 자신들이 점령중인 개성에서 열자고 했다. 말다툼이 길어지는 것을 꺼린 유엔군 측은 별 이의 없이 받아들였는데 이것이 훗날 화근이 되었다. 휴전회담장이 있는 개성은 공산군의 방패가 되어 유엔군이 탈환을 시도할 수 없게 되었으며, 공산측 영역인 개성에서 열린 휴전회담은 마치 패자가 승자의 땅에 항복하러 가는 것과 같은 모양새가 되었기 때문이다.

7월 10일부터 시작된 휴전회담에서 공산군 측의 갖은 트집과 생떼, 정치적 모욕에 견디다 못한 유엔군은 금방 휴전이 될 줄 알고 내렸던 전투중지 명령을 취소하고 8월 말부터 전투를 재개했다. 휴전 기간을 이용하여 전선의 진지들을 요새화했음에도 불구하고 연달아 한국전쟁의 휴전 회담은 2년 17일 간 지속되었다. 오랜 시간 회담이 지속되는 동안 양측 대표들의 발언을 담은 문서는 높이 2m, 무게 200Kg 에 다달았다.

패배하자 결국 공산군측이 먼저 휴전 협상의 재개를 요청했으며, 이로써 군사분계선 설정에서 유리한 고지를 획득하고 공산군측을 협상 테이블로 끌어낸다는 유엔군의 목적이 달성되었다. 회담장소도 유엔군의 요구에 따라 양군의 접촉선상에 있으며 보다 남쪽에 있는 판문점(원래 이름은 널문리 마을)으로 변경되었고 10월 25일에 판문점에서 첫 휴전회담이 열렸다. 휴전회담의 주요 의제는 군사분계선 설정, 휴전 감시 방법 및 그 기구의 설치, 포로 교환 문제, 쌍방의 당사국인 남북한 정부에 대한 건의 등이었다.

하지만 재개된 회담 역시 순조롭지 않았다. 첫 회담이 개최될 때 기껏해야 2~3주면 휴전이 이루어질 것이라는 예상과는 달리 실제 회담은 만 2년을 넘게 계속되었으며 협상이 진행되는 동안에도 수많은 피가 흘렀다. 이는 주로 공산측의 지나친 억지 탓이었는데, 공산측은 회담장을 정치선전의 장으로 활용하여 허위선전을 펼치는가 하면 자신들의 요구조건을 관철시키기 위해 의도적으로 회담을 지연시켰다. 유엔군으로서는 가급적 빨리 전쟁을 종결시키고 싶었지만, 공산측의 지나친 억지는 결국 유엔군을 분개하게 만들었다. 결국 회담이 소강상태에 빠질 때마다 전선에서는 격전이 벌어졌다.

협상을 위한 전투의 연속

프로시아의 군사사상가 칼 폰 클라우제비츠는 전쟁이란 상대 정치집단의 파괴를 위한 것이 아니라 그 의사를 이 편의 뜻에 따르게 하기 위한 압력행사로 정의하는데, 앞에서 언급했듯 6.25 후반기의 전투는 이런 성격이 강했다. 유엔군 측이 협상을 시작할 때부터 모든 협정이 체결된 뒤에야 전투가 완전히 중지된다고 못을 박았고, 휴전협정이 완전히 조인되는 시점에서의 양측의 접촉선을 군사분계선으로 하기로 했으므로 휴전 협상이 본격적으로 재개된 후에도 전투는 계속되었다.

단 유엔군의 반격을 걱정하는 공산측을 안심시키고 휴전협상을 계속하기 위해서 개성만은 절대 공격하지 않겠다고 유엔군이 보장한 데다, 화력과 기동력이 열세한 공산군도 평야지대인 서부전선에서 유엔군을 공격하는 것을 꺼렸기 때문에 전투의 주무대는 중동부 전선이 되었다. 대공세는 없어도 고지 하나하나에 목숨을 걸고 산비탈을 기어오르는 소소한 전투는 끝이 없었는데, 이 시기의 대표적인 전투는 아래와 같다.

⊙―도솔산 전투

도솔산 북쪽 일대의 해안분지는 공산군의 보급기지이자 차후 휴전회담에서 유리한 위치를 차지할 수 있는 요지로, 1951년 6월부터 미 해병사단의 공격을 받았다. 해병사단에 배속된 국군 1해병연대는 험준한 바위산을 요새화한 인민군 12사단의 방어선을 뚫기 위해 6월 4일부터 공세를 시작했으나 성과를 내지 못했다. 이에 6월 11일 새벽 2시에 일체의 포사격이나 항공지원 없이 야간기습을 감행한 끝에 방심한 공산군을 격파하여 도솔산 앞의 대암산을 점령하고, 15일부터 도솔산을 공격

대원의 80% 이상이 제주도 출신의 학도병인 국군 해병대원은 인민군과 16일간 도솔산에서 치열한 고지 쟁탈전을 벌인 결과 인민군 천여 명을 사살하는 등의 공적을 세워 '귀신잡는 해병대'라는 칭호를 얻게 된다.

하여 4일 만에 함락시켰다. 이 전투는 해병대가 무적해병으로 자리매김하는 계기가 되었다.

⊙─펀치볼 전투

펀치볼(Punch bowl)은 도솔산 북방의 해안분지에 대해 한 종군기자가 "화채 그릇같이 생겼다."며 붙인 이름이다. 도솔산을 공략한 유엔군은 휴전회담이 시작되면서 펀치볼에 대한 공격을 연기했으나, 회담이 지연되자 공산군을 끌어내기 위해 7월 27일부터 공격을 개시했다. 펀치볼의 서측방인 대우산은 그날로 미 2사단에게 함락되었으나 장마가 몰아치면서 공세가 중단되었고, 9월에야 북측면의 가칠봉에 대한 공격이 시작되었다. 국군 5사단의 가칠봉 공격은 9월 4일부터 시작하여 10월 14일까지 수차례의 뺏고 뺏기는 공방전으로 전개되었다. 전투지역이 좁음에도 5000명에 가까운 사상자가 발생하였는데 이것이 고지 쟁탈전의 특징이었다.

⊙─피의 능선 전투

피의 능선은 대우산 서쪽의 983고지

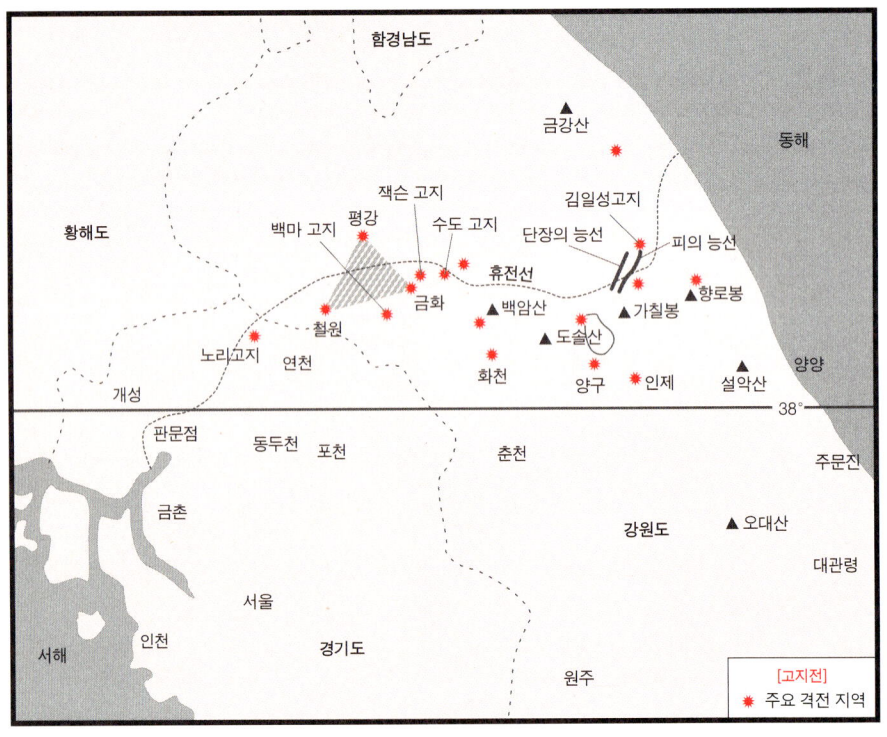

로, 능선 전체가 남쪽으로 급경사를 이뤄 공격이 힘든 험지였으나 주변지역을 모조리 내려다볼 수 있었다. 인민군은 이곳에 포병 관측소를 두고 미 2사단을 공격하여 심각한 피해를 주었으므로, 유엔군은 이를 탈취하기로 결정하고 국군 5사단 36연대로 하여금 공격시켰다. 철저히 요새화된 고지를 제압하기 위해 3일간 야포와 항공기가 폭탄을 퍼부었으나 8월 18일부터 시작된 공격은 난관에 부딪혔으며, 완강한 인민군의 저항에 고심한 국군은 특공대를 우회시켜 후방에서 기습함으로써 가장 오른쪽 고지를 점령하여 방어선에 구멍을 뚫었다. 마침내 8월 22일에 983고지 정상이 점령되었으나 증원군을 보내지 않은 탓에 26일부터 인민군의 반격을 받고 다음날에 도로 빼앗기고 말았다.

이에 상급부대인 미 10군단은 피의 능선 일대 전체를 한꺼번에 공격하기로 하고 31일부터 전면공세를 개시, 인민군을 포위해 나가자 983고지의 인민군은 9월 3일에 철수하였으며 미군은 9월 5일에 983고지를 점령하였다. 이 전투에서 쌍방의 사상자가 2만 명에 달

한국전쟁에서 양측간에 막대한 인명 피해를 내면서
국지전으로 고착된 것은 휴전회담의 진행과 관련이 깊다.
휴전회담에서 조금이라도 유리한 고지에 오르기 위해 뺏고 빼앗기는
고지전이 매일같이 일어났다. 위로부터 국군, 중공군, 미군의 화염방사차

해 피의 능선이라는 별명이 붙었다.

⊙─백마고지 전투

1952년에 접어들자 대부분의 쟁점이 타결되었으나 오직 포로교환 문제가 남아 휴전회담이 종결되지 않고 있었다. 그러던 중 중부전선의 철원평야 일대를 내려다볼 수 있는 감제고지인 백마고지가 주목을 받게 되었다. 중공군은 이미 1951년 11월에 이를 탈환하려다 실패한 적이 있었는데, 10월에 중공군 정예부대의 새로운 공격이 있었다. 중공 38군 예하의 3개 사단은 10월 6일부터 연달아 고지를 공격했지만 김종오 소장의 국군 9사단은 15일까지 고지 주인이 7번이나 바뀌는 격전을 치르면서 방어에 성공하였다. 이 전투에서 양측의 사상자는 1만8000에 달했으며 27만 발이 넘는 포탄에 밋밋해진 산등성이의 모양이 백마의 잔등 같다고

백마고지에서 국군 제9사단이 진지를 돌아보고 있다.
가장 치열했던 전투인 백마고지 전투에서
승리한 제9사단은 '백마사단'라 불리었다.(상)
고지전투에서 돌격지원을 하고 있는
국군 분대장.(중)
치열한 포격전으로 민둥산이 된 고지를 점령한
후 적의 진지를 정찰한 척후병이
귀환하고 있다.(하)

단장의 능선 전투에서 탈취한 고지의 참호안에서 방어 중인 미군 병사들.
매일같이 반복되는 치열한 전투로 하루하루 전사자가 늘어갔다.

하여 백마고지로 명명, 9사단은 백마부대가 되었다.

의 절반 정도를 회복한 상태에서 전쟁이 종결되었다.

⊙─중공군 7차 공세

1953년 7월, 휴전협정 체결 직전에 중공군은 5개 군단의 대병력으로 금성 일대에서 최후의 대공세를 가했다. 중공군의 목적은 화천저수지 탈환 및 '최후의 승리'를 얻는 것으로, 국군 2군단을 섬멸하려 했으나 국군이 적시에 철수하자 막대한 피해만 입고 실패했다. 이후 국군 및 미군이 반격에 들어가 실지

미군을 잠 못 들게 한 불침번 찰리

전쟁 후기 북한 공군은 맹랑한 작전을 펼쳤다. 야간에 속도가 느린 소형 복엽기를 타고 나타나 유엔군 비행장에 폭탄을 던지고 도망가는 것인데, 이게 생각보다 피해를 주는 데다가 꼭 야간에 나타나기 때문에 유엔군으로서도 대처가 곤란했다. 게다가 너무 느리다 보니 이를 뒤쫓던 유엔군 제트전투기가 실속하는 바람에 추락하기도 했고, 결국 레이더를 탑재한 프로펠러기인 미 해군의 코르세어 전투기가 야간 초계를 돌고서야 유엔군 조종사들은 마음 놓고 잘 수 있었다.

특집

헬리콥터

헬리콥터의 원리를 처음 고안한 것은 레오나르도 다빈치라고 하지만, 실용적인 헬리콥터는 20세기에 들어와서야 개발되었다. 1919년에 미국으로 망명한 러시아의 항공기술자 이고르 시코르스키가 1939년에 개발한 것이 최초이다. 아직 기술적으로 미비한 점이 많아 2차 세계대전에는 투입되지 못했고 6.25가 발발하자 헬리콥터가 처음 실전에 투입되었다.

1951년 9월의 펀치볼 전투에서 미 1해병사단 병력을 나른 것이 헬리콥터의 첫 실전이었으며, 이에 감명받은 리지웨이 사령관은 헬리콥터 부대의 증강을 요구하기도 했다. 미군이 처음 운용한 헬리콥터의 기종은 H-5였으나 보다 대형이고 속도도 빠른 H-19형으로 곧 교체되었다.

하지만 6.25에서 헬리콥터의 역할은 병력 수송만이 아니었으며 적지에 떨어진 조종사 구출 및 차량 이용이 불가능한 고지전투에서 부상병을 응급수송하는 데 헬리콥터의 가치가 컸다. 헬리콥터는 제자리에 떠 있거나 비행기가 착륙할 수 없는 좁은 땅에 착륙할 수 있는데, 이는 위의 임무를 수행하는 데 아주 유용한 기능이었다. 초기에는 직접 착륙했지만 나중에는 밧줄로 구출 대상자를 끌어올리는 기술이 개발되어 위험을 더 줄일 수 있게 되었다. 다만 그때까지는 속도가 오늘날의 헬리콥터처럼 빠르지 못할 뿐더러 항속거리도 짧았기 때문에 전선 각지에 분산해서 운용해야 했다.

헬리콥터에 의한 신속한 부상병 후송은 가히 혁명이었다. 미군의 후송 중 사망자 비율은 2차 세계대전에서는 1천 명당 45명 정도였으나 헬리콥터가 사용된 6.25에서는 25명 대로 줄었다. 게다가 헬리콥터는 후송 중 수혈을 할 수도 있었고, 긴급히 필요한 수혈용 혈액을 대량으로 운반할 수도 있었다. 이런 조치들은 차량으로는 불가능했다.

150

6.25에서 시작된 헬리콥터의 사용은 알제리 전쟁과 베트남 전쟁에서 오늘날의 형태로 자리를 잡았다. 두 전쟁에서 헬리콥터는 부상병 후송 이외에 지상공격 등 전투임무를 맡았으며, 이에 특화된 공격헬리콥터도 개발되었다. 공격헬리콥터는 수송 등의 임무를 전혀 고려하지 않고 기관포와 로켓, 미사일 등으로 중무장하고 든든한 장갑을 두르며 일반 헬리콥터보다 더 빠른 속도로 움직일 수 있다. 육지 외에 바다에서도 잠수함을 찾거나 경계용으로 많이 사용되며, 수송용 헬리콥터도 과거보다 더 강력해져 보병뿐 아니라 장갑차나 야포까지 운반할 수 있게 되었다. 국군은 현재 600대가 넘는 각종 헬리콥터를 보유하고 있다.

2 포로교환 문제

포로교환 문제의 원인

전쟁 후기, 휴전협정을 체결하는 데 있어 가장 문제가 된 사항이 포로 문제였다. 다른 사항들은 1951년 11월까지 대부분 타결되었는데 다만 포로 문제가 18개월 가까운 세월을 끌었던 것이다.

애초에 유엔군은 국제법에 따라 쌍방이 보유한 포로를 그대로 맞바꿀 생각이었다. 일반적인 전쟁이었다면 이런 원칙을 지키는 것이 별다른 문제가 아니었겠지만, 문제는 6.25가 같은 민족 간의 내전이었다는 점이었다. 국군과 유엔군이 잡은 인민군 포로들 중 많은 수가 남한에서 강제징집된 의용군이거나 강제로 편입된 국군 포로 출신이었고, 북한 출신이라도 공산주의를 거부하여 북한으로의 송환을 거부하는 이들이 많았다. 심지어 국군 낙오병이 포로 오인되어 갇혀 있기도 했고, 국민당군 출신 중공군 포로들 중에도 중국 본토가 아닌 대만으로 가기를 원하는 자들이 있었다.

대한민국 정부는 당연히 이런 이들이 북한으로 가게 되는 것을 적극 반대했으며, 유엔군 측에서도 반공성향을 확고히 드러낸 포로들을 그대로 송환할 경우 처형될 가능성이 높다는 것을 알고 있었다. 하지만 이들로서는 공산군이 붙잡고 있는 것으로 추정되는 10만에 가까운 포로들의 귀환도 생각해야 했으므로 대부분의 포로를 그냥 돌려보낼 생각이었는데, 여기서 문제가 터졌다.

협정 체결을 앞두고 포로 명단을 교환한 유엔군은 벌어진 입을 다물지 못했다. 이제까지 발생한 유엔군 실종자는 국군 8만8000여 명에 미군 1만1500여 명, 기타 국가를 합치면 근 10만에 달하는데 공산측이 내놓은 포로 명단은 1만1559명(이중에서 국군이 8343명)밖에

거제도 포로 수용소의 앳된 반공포로. 어린 소년병은 전쟁이 무엇인지 알고 이곳까지 오게 되었을까.

회담장에서 마주선 양측 병사.

안 되었던 것이다. 심지어 북한이 이제까지 잡았다고 자기 입으로 주장한 포로 숫자만 해도 6만5000명이 넘었다. 유엔군 측의 추궁을 받은 공산군 대표단은 국군 포로들은 스스로 원해서 인민군에 입대했으며 유엔군 포로들은 게을러서 씻지도 않고 지내다가 병들어 죽었다고 둘러댔다. 한국 정부는 격분했으며 양측의 포로 숫자가 차이가 나도 너무 났기 때문에 유엔군 역시 할 말을 잃었다. 유엔군은 남한 출신 민간인으로 밝혀진 3만7000을 석방한 후에도 중공군 4만2000여 명을 포함하여 13만2474명에 달하는 포로를 가지고 있었던 것이다.

양측의 포로 수가 안 맞아도 너무 안 맞는데다, 반공 성향의 포로들이 송환될

이것은 실존하는 물건인가?

거제도 포로수용소를 관리하던 미군은 자유민주주의 국가가 보다 우월하다는 것을 알려주려고 이런저런 읽을거리를 포로들에게 제공했는데, 그중에 통신판매 카탈로그가 있었다. 이 카탈로그에 대해서 극렬 공산주의자들은 선전책자에 불과하다며 읽어보려고 하지도 않았지만, 일부 포로들은 세상에 어느 국가가 고작 포로들을 속이기 위해 "이런 고급 종이에, 색깔까지 넣어서" 이렇게 두꺼운 책을 만들겠냐면서 이건 진짜 존재하는 물건들을 수록했음에 틀림없다고 주장했다. 그리고는 카탈로그에 실린 가구류 및 사무용구류를 기어코 완벽하게 복제해서 만들어내고야 말았다.

> **공산포로들은 어떻게 북한지령을 받았나?**
>
> 휴전회담 당시, 유엔군 대표들은 공산군 대표들이 "거제도에서 발생한 이러저러한 포로학대사건"을 툭하면 의제로 내미는 바람에 골치를 썩였다. 공산군 대표들이 주장을 뒷받침하기 위해 내놓는 자료들은 크게 과장되기는 했을지언정 실제 발생한 충돌을 근거로 주장하고 있었기 때문인데, 과연 공산군 대표들은 어떻게 비밀로 취급되는 그 소식을 접한 것일까?
>
> 이는 수용소에서 북한으로 가는 연락망이 있었기 때문에 가능했다. 포로수용소 주변에는 피난민들의 집단 거주지가 있었고 이들 중 상당수는 포로들과의 접촉이 있었다. 이들 중 공산주의에 동조하는 일부가 연락책 역할을 맡아 포로들에게서 나온 정보를 북한으로 보냈던 것이다. 한편 공산군이 포로수용소로 지령을 내릴 때는 위의 방법 이외에 보다 간단하고 확실한 방법이 있었다. 연락원을 유엔군에게 항복시키면 간단하게 포로수용소로 들어갈 수 있었던 것이다.

경우 끔찍한 대우를 받게 될 것을 알고 있는 자유진영에서는 송환 여부를 포로들의 자유의사에 맡겨야 한다는 여론이 한층 힘을 얻었다.

게다가 거제도에 소재한 유엔군 포로수용소 내에서는 전체송환을 요구하는 친공 포로들에 의한 폭력사태가 연이어 발생했으며, 이들은 자체 내의 규율을 잡기 위해 다수의 반공포로들을 학살하는가 하면 미군 경비병력과 충돌해 상당수의 사상자를 내기도 했다. 이는 결국 사상 초유의 포로에 의한 수용소장 납치 및 감금이라는 사태로 이어졌으며, 본국의 지령을 받은 공산포로들의 폭력 투쟁이 심각해지자 결국 신임 수용소장 보트너 소장이 무력을 동원하여 폭동을 진압하고 포로들의 사제 무장을 압수하여 폭력사태가 본격화된지 근 1년만인 1952년 6월 초에야 사태를 종결지었다. 유엔군은 포로의 집중수용이 통제를 곤란하게 하고 포로들의 집단행동을 용이하게 만들었다는 판단에 따라 사태 진압 후 포로들을 각지로 분산시켰다.

수용소 내의 폭력사태가 종료된 후에도 송환에 따른 문제는 해결되지 않았다. 포로 전원의 무조건적인 송환을 고집하던 공산측은 1953년 5월에 가서야 자유송환 원칙에 동의했으며, 한 달이 더 흐른 후에야 송환을 원하지 않는 포로를 어떻게 구분할 것인지에 대한 동의를 했다. 마침내 1953년 6월 8일에 양측은 포로송환협정의 최종안에 서명할 수 있었다.

반공포로 석방사건

이승만 대통령은 반공포로를 무조건 석방하지 않고 심사를 거치게 하겠다는 유엔군의 방침에 크게 분개했으나, 당시 한국 정부 및 국군은 휴전에 대한 유엔의 의사를 거스를 힘이 없었다. 전쟁 자체가 미국이 주도하는 유엔에 의해 치러지고 있었을 뿐 아니라 한국정부는 휴전 자체에 반대하고 있었기 때문에 협상에 미칠 수 있는 영향력이 없었던 것이다.

이에 이승만 대통령은 독단적으로 반공포로 석방을 결심하고 판문점에서 포로송환협정이 체결되기 이틀 전에 심복인 헌병사령관 원용덕 중장을 내밀히 불렀다. 포로수용소에서 미군을 보조하는 국군 헌병대를 동원하여 반공포로를 석방시키라는 밀명을 받은 원용덕은 신뢰할 수 있는 참모 두 사람과 며칠에 걸쳐 계획을 짠 후, 헌병총사령부 소속의 장교 6명을 밀사로 선발하여 6월 15일 밤에 전국의 수용소로 파견했다.

이에 따라 6월 18일 새벽, 부산과 마산, 논산, 광주, 영천, 부평 등의 반공포로 수용소에서 일제히 탈출극이 벌어졌다. 원용덕의 지시를 받은 국군 헌병들은 미군 보초를 납치, 감금한 다음 수용소의 전력을 차단하고 철조망을 잘라 포로들을 탈출시켰다. 탈출극은 다음날 밤에도 벌어졌으며 당황한 미군 경비병들이 발포하는 바람에 총 200여 명의 포로 사상자가 발생하였다.

수용소에 따라서는 희비극이 발생하기도 했다. 영천에서는 탈출 계획이 누설되는 바람에 미군이 국군 헌병대를 철수시키려고 했으나 상부의 명령 없이는 안된다고 우겨서 시간을 벌고, 19일 밤에 포로로 가장한 헌병이 고춧가루를 몰래 반입한 다음 포로들의 몸에 뿌리고 탈출시켰다. 미군 경비병들은 일제히 탈출하는 포로들을 붙잡으려 했

당시 남한 내에 있던 한 포로수용소의 정경.

북한으로의 강제 송환을 반대하는 포로수용소의 반공포로들.

인도군 파병에 대한 한국 정부의 대응

인도는 5개 의료지원국 중 가장 큰 규모의 인원을 파견했으며 휴전협정 체결 후 포로 감시 업무에 있어서도 중립을 엄정히 지키면서 큰 역할을 했다. 하지만 이승만 대통령은 인도를 좋아하지 않았다.

그 이유인즉, 당시 인도 정부가 38선을 넘는 북진을 반대했던 데다 비동맹을 내세워 사회주의적인 경향을 띠고 있었으며 중국 정부와도 관계가 가까웠던 탓이었다. 때문에 이승만 대통령은 "인도군도 빨갱이"라고 주장하며 혐오했고, 원용덕 헌병사령관이 열차 선로를 차단하는 바람에 포로 감시를 위해 온 인도군은 판문점까지 공수되어야 했다.

군 경비병만으로 다 잡아올 수 없다고 생각한 수용소장이 인근의 국군 제2훈련소장에게 병력 지원을 요청했다. 그런데 나타난 국군은 단 한 명뿐이었고, 의아한 표정으로 지원병력은 어디 있냐고 묻는 수용소장에게 병사는 태연하게 대답했다. "제가 지원병력입니다. 1만 명이 병력이고 1천 명이 병력이듯 1명도 병력입니다." 수용소장은 웃어버리고 말았다.

논산뿐 아니라 각지의 수용소를 경비하던 미군들은 일제히 탈출 포로들을 수색했으나 되잡혀온 수는 1천 명도 안 되었다. 한국 정부는 이들에게 재빨리

으나 매운 고춧가루 때문에 단 한 명도 잡지 못했다.

논산에서는 8천 명이나 되는 포로를 미

도민증을 발급해 신분을 세탁하고 민가에 숨겨주었으며, 미군으로서는 이 사람이 포로인지 아닌지 구분할 수가 없었다. 이렇게 하여 3만5698명의 반공포로들 중 2만6954명이 이때 탈출했으며, 우연히 인민군 반공포로 수용소의 병원에 입원하고 있던 중공군 포로 64명도 이때 함께 자유를 얻었다.

전적으로 이승만 대통령의 독단이었던 반공포로 석방사건은 휴전회담을 붕괴시킬 뻔 했으며 세계 정가에 큰 충격을 안겼다. 또한 이와 같은 한국 정부의 행동은 한국 정부가 전쟁을 주도할 힘은 없어도 휴전회담에 훼방을 놓을 수 있다는 점을 분명히 국제사회에 인식시켰으며, 휴전을 절실히 바라고 있던 미국으로서는 한국 정부가 휴전을 받아들일 수 있을 만한 당근을 쥐어 주어야 한다는 점을 깨달았다. 이에 따라 미국 정부는 특사를 파견, 한국측과 협의를 거친 후 한미상호방위조약 및 경제원조, 군사원조 등에 합의함으로써 휴전협정을 체결할 수 있게 되었다.

한편 이때 석방되지 않은 인민군 및 중공군 반공포로들은 휴전이 조인된 후

판문점에 설치된 대기캠프에서 중립국인 인도군의 감시를 받으며 공산측 대표들로부터 귀환할 것을 권하는 설득을 받았다. 그러나 단지 625명만이 공산조국으로 돌아가겠다고 마음을 바꾸었으며 2만1906명은 송환을 거부하였다. 다만 이중 86명은 남도 북도 모두 거부하고 중립국으로 가는 길을 택했다.

중국으로 돌아갈 것을 포기한 반공포로들이 그들의 선택에 따라 중국이 아닌 대만으로 가기 위해 유엔군의 수송선에 올라타 인천항을 떠나고 있다.

거제도 포로수용소

거제도에 포로수용소가 처음 문을 연 것은 1951년 2월이다. 전쟁 초기에는 국군과 유엔군이 불리했기 때문에 포로가 많지 않았고, 북진 중에 잡은 막대한 포로는 전쟁이 금방 끝날 것이라는 판단하에 평양, 인천 등에 대충 수용했었다. 그러나 중공군의 개입으로 전쟁이 계속되고 전선이 남하하자 각지의 포로들을 후퇴시킬 필요가 생겼다. 그 결과 뽑힌 곳이 한국에서 두 번째로 큰 섬인 거제도였다. 수용소를 빠져나오더라도 배가 없으면 탈출할 수 없는 거제도가 적지라고 생각했던 것이다.

문제라면 거제도는 면적은 꽤 넓지만 대부분이 산악지대여서 수용소를 건설할 만한 평지가 적다는 점이었으며, 이로 인해 수용소가 섬 전체에 고루 분산되지 않고 한쪽에 집중적으로 설치되었다.

각각의 수용소당 평균 수용인원은 6천여 명, 전선이 어느 정도 안정된 51년 초여름의 수용자수는 민간인 억류자와 인민군, 중공군 포로를 합쳐 17만 명에 달해 원래 주민 11만 8000여 명의 두 배 가까운 수였다. 미군은 포로의 지위를 규정한 제네바 협정에 따른 대우를 철저하게 지켰는데, 수용소를 경비하는 국군 병사들보다 포로들이 도리어 더 좋은 대우를 받을 정도였다.

한편 포로수용소는 거제도 경제의 중심 역할을 하기도 했다. 당시 거제도에는 원래 주민 외에 10만에 가까운 피난민이 몰려와 인구가 폭증한 상태였으며, 흥남에서 철수한 메레디스 빅토리 호도 1만 4000명의 피난민을 거제도에 내려준 바 있었다. 낯선 땅에서 살 길이 막막했던 피난민들 중 많은 수가 수용소의 포로들을 상대로 행상을 해서 생계를 유지했다.

수용 초기 포로들은 대체로 얌전한 편이었다. 그러나 미군이 자신들을 인도적으로 대우하며 학대 따위는 염려할 필요 없다는 것을 알게 되자 인민군 포로들은 마

부산에서 분류를 기다리는 인민군 및 중공군 포로들.

음 놓고 평양의 지시에 따라 폭력사태를 일으켰으며, 1952년 6월에 가서야 진정될 수 있었다. 이에 반해 중공군 포로들은 대체로 순종적이었으며, 귀환 문제를 둘러싼 갈등도 말로 위협을 가하는 정도였을 뿐, 인민군 포로들과 같은 정도까지 가지는 않았다.

마침내 휴전협정이 조인되자 귀환을 희망하던 친공포로들은 일시에 송환되었으며, 반공포로들은 협정에서 규정된 180일간의 설득을 위해 판문점에 설치된 임시캠프로 이송되면서 거제도 및 제주도 등에 있던 후방의 포로수용소는 모두 문을 닫았다. 거제도 포로수용소 자리에는 현재 유적공원이 들어서 있다.

유엔군

유엔군은 특정 분쟁에 대한 직접적 이해관계가 없는 국가들이 세계 평화를 지키기 위하여 역사상 최초로 국제기구를 통해 결성한 연합군이다. 미군을 제외한 나머지 군대들은 규모가 그리 크지 않았지만 잘 훈련된 정예병들로서 전체 작전에 크게 기여하였다.

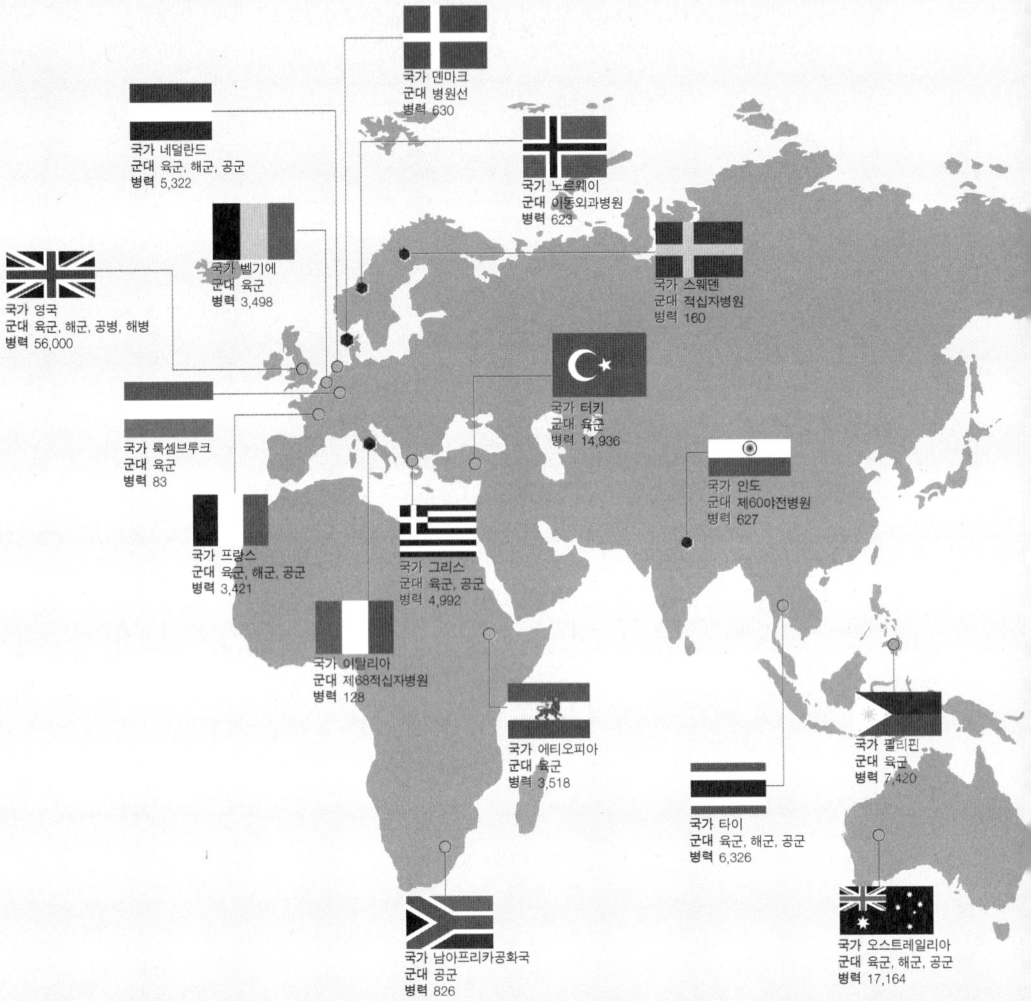

국가 덴마크
군대 병원선
병력 630

국가 네덜란드
군대 육군, 해군, 공군
병력 5,322

국가 노르웨이
군대 이동외과병원
병력 623

국가 벨기에
군대 육군
병력 3,498

국가 스웨덴
군대 적십자병원
병력 160

국가 영국
군대 육군, 해군, 공병, 해병
병력 56,000

국가 터키
군대 육군
병력 14,936

국가 룩셈부르크
군대 육군
병력 83

국가 인도
군대 제60야전병원
병력 627

국가 프랑스
군대 육군, 해군, 공군
병력 3,421

국가 그리스
군대 육군, 공군
병력 4,992

국가 이탈리아
군대 제68적십자병원
병력 128

국가 에티오피아
군대 육군
병력 3,518

국가 필리핀
군대 육군
병력 7,420

국가 타이
군대 육군, 해군, 공군
병력 6,326

국가 남아프리카공화국
군대 공군
병력 826

국가 오스트레일리아
군대 육군, 해군, 공군
병력 17,164

162

유엔군 장병들은 세계 각지에서 모여들었기 때문에 한국의 기후와 지형에 적응하는 것도 상당히 큰 문제였지만, 풍속과 전통이 다른 면에서 오는 생활습관의 차이도 문제였다. 유엔군 투입 초기에는 보급품 제공이나 문화생활 등이 서구 기준으로 이루어진 탓에 비유럽권 장병들의 불만이 있었으나 이것도 차츰 시정되어갔다. 각국의 파병 규모는 아래 표와 같다.

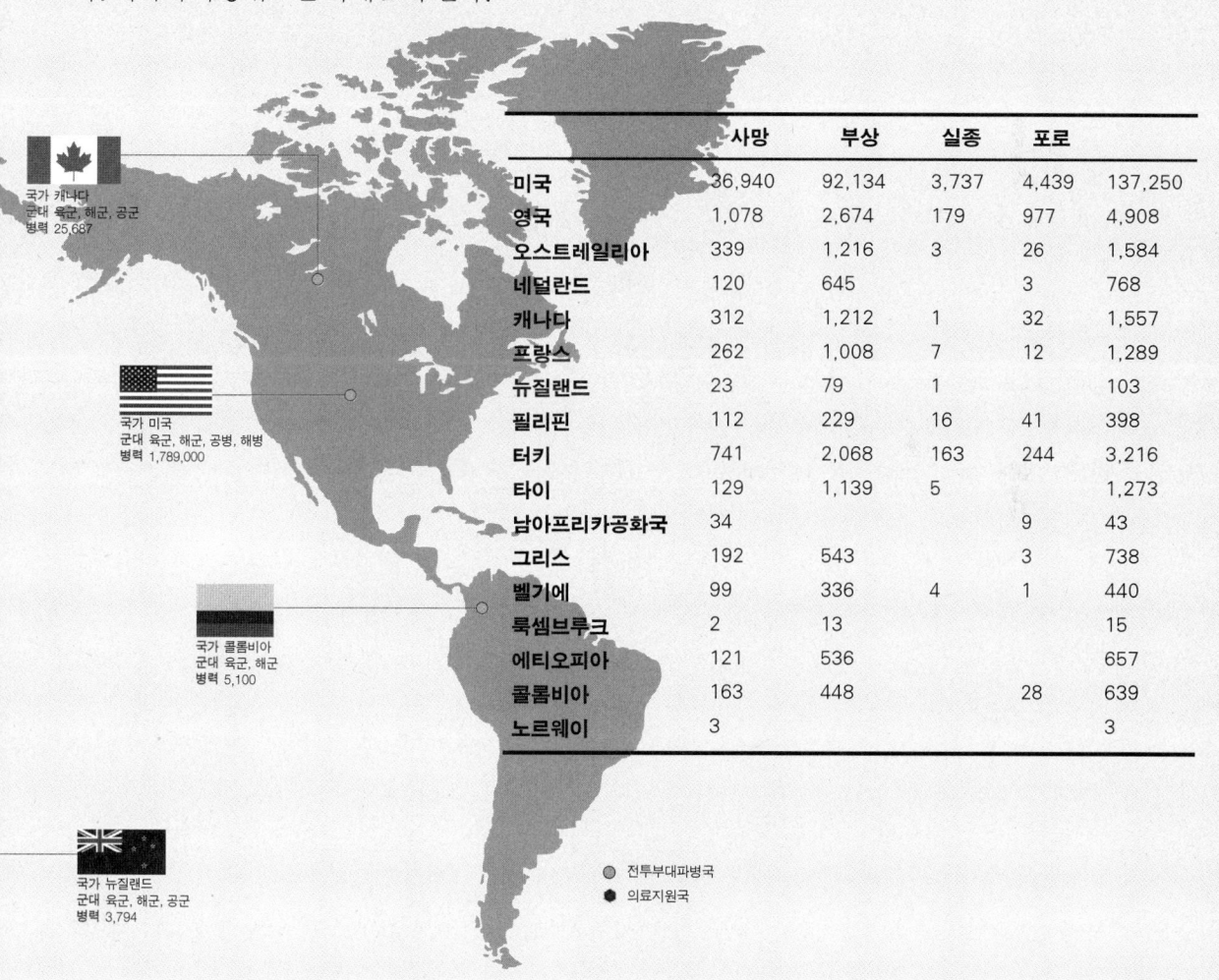

	사망	부상	실종	포로	
미국	36,940	92,134	3,737	4,439	137,250
영국	1,078	2,674	179	977	4,908
오스트레일리아	339	1,216	3	26	1,584
네덜란드	120	645		3	768
캐나다	312	1,212	1	32	1,557
프랑스	262	1,008	7	12	1,289
뉴질랜드	23	79	1		103
필리핀	112	229	16	41	398
터키	741	2,068	163	244	3,216
타이	129	1,139	5		1,273
남아프리카공화국	34			9	43
그리스	192	543		3	738
벨기에	99	336	4	1	440
룩셈브루크	2	13			15
에티오피아	121	536			657
콜롬비아	163	448		28	639
노르웨이	3				3

3 휴전, 그리고 끝나지 않은 전쟁

휴전 협정 조인

포로 문제가 합의를 보고 중공군의 제7차 공세가 마무리되자 마침내 휴전 협정이 맺어지게 되었다. 조인일은 7월 27일 10시로 정해졌으며, 무력행사의 종료는 같은 날 22시였다.

휴전 당일, 양측 대표단은 한 마디도 나누지 않고 한국어, 중국어, 영어로 된 18통의 서류에 사인했다. 조인은 12분만에 끝났으며 이로써 휴전이 성립되었다. 마지막 회담까지 본회담 159회를 비롯한 총 회의 횟수는 538회, 소요시간은 966시간 20분이었다.

유엔군 총사령관 클라크 대장 및 인민군 총사령관 김일성 역시 후방에서 서명을 마쳤다. 유엔 해공군 및 쌍방의 포병은 조인 후에도 공격을 계속했으나, 오후 10시를 기해 모든 무력행사가 종료되었다. 그동안 발생한 사상자는 양측 군인과 민간인을 합쳐 500만이 넘었다.

전쟁이 남긴 것

군사적인 면에서 6.25는 2차 세계대전의 유산과 같은 전쟁이었다. 쌍방이 사용한 대부분의 군사장비 및 전술은 2차 세계대전에서 그대로 사용되었거나 이를 약간 개량한 것이었으며, 참전한 군인들 역시 다수가 2차 세계대전의 베테랑들이었다. 그런 한편으로 그 이후의 전쟁을 본질적으로 변화시킨 배아도 태동하고 있었다.

제트기와 헬리콥터는 2차 세계대전에서 첫 선을 보였으나 아직 불완전했던 것이 6.25에서 처음 본격적으로 사용되었다. 또한 핵시대에도 재래식 전쟁이 충분히 일어날 수 있다는 점을 보여주었으며, 핵무기의 출현으로 인해 쓸모없어졌다고 생각하던 대규모 상륙작전과 같은 군사행동이 앞으로도 계속 필요하다는 점도 입증했다. 남북 양군이 시행한 비정규전의 와중에서 게릴라전 및 대게릴라전 전술도 급속히 발달했다.

하지만 무엇보다 큰 영향은 국제적인 평화무드를 중단시키고 냉전의 격화와 군비증강에 일조했다는 점이었다. 미국을 비롯한 대부분의 국가들은 2차 세계대전 이후 군비를 축소했으며 독일과 일본 같은 침략국들은 군대 자체가

남북 분단의 현장 현재 판문점의 모습.

해체된 상황이었다. 그러나 6.25로 인해 무력을 통한 공산화에 대한 우려가 급격히 현실화되면서 서방 국가들은 급속히 재무장을 추진했으며 독일과 일본의 군사력 재건도 허락되었다. 이후 동서 양 진영은 직접 대결은 피했어도 베트남, 아프가니스탄 등 세계 각지에서 충돌했다. 그렇다면 한국은?

한국에서 6.25는 막대한 인명을 잃게 한 비극임과 동시에 아무것도 이루지 못한 미완의 전쟁이다. 휴전선은 38선과 그다지 큰 차이가 없으며 북한이 시도했던 적화통일도, 한국이 시도했던 북진통일도 성공하지 못하고 양자간의 대립의 골만 더 깊어졌다. 그리고 오늘날도 그 유혈과 대립의 유산은 사라지지 않고 있다.

휴전, 그리고 끝나지 않은 전쟁

1953년 7월 27일에 휴전협정이 조인된 후에도 한반도에서는 많은 충돌이 있었다. 그중 인지도가 비교적 높은 사건들만 뽑아보면 아래와 같다.

⊙ 당포함 사건

1967년 1월 19일, 명태잡이 어선에 대한 어로보호 임무를 수행하던 해군 초계함 당포함(PCE-56)이 북한 해안포대의 포격으로 침몰하여 39명의 사망자와 40명의 부상자가 발생했다.

⊙ 1.21사건

1968년 1월, 김신조를 비롯한 31명의 북한 게릴라가 청와대 습격과 박정희 대통령 암살을 목표로 침투했다. 이중 28명이 사살 혹은 자폭하고 1명은 생포되었으나 2명은 탈출했다.

⊙ 푸에블로호 납치사건

1968년 1월 23일, 동해 공해상에서 정찰중이던 미군 정찰선 푸에블로호가 북한 해군에게 나포되었다. 승무원들은 수 개월간의 억류 끝에 석방되었으나 푸에블로호는 지금도 대동강에 계

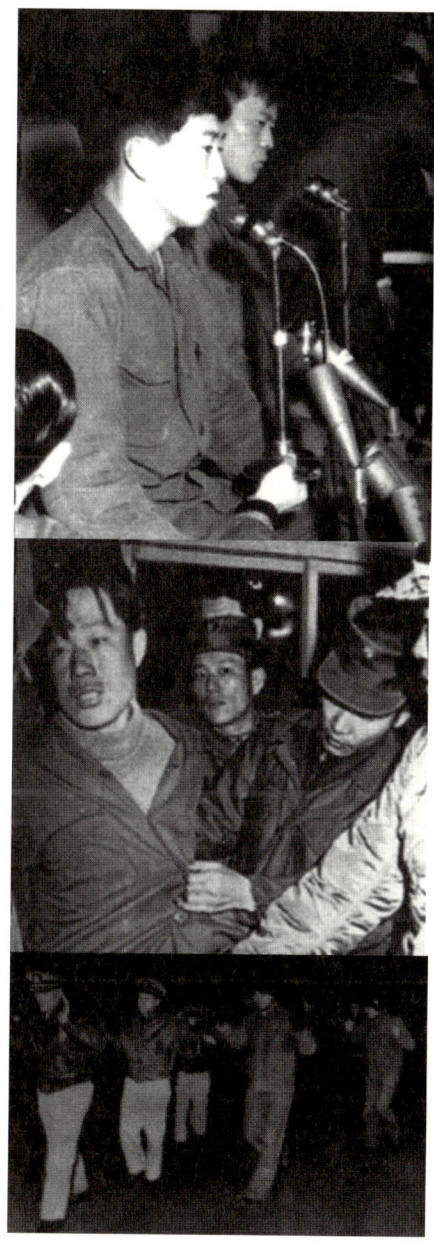

울진무장공비.(상)
1.21 김신조 사건.(중)
푸애블로호 납치사건.(하)

류되어 있다.

⊙ EC-121기 격추사건

1969년 4월 15일, 동해 공해상에서 북

한에 대한 전자정보 수집활동을 하던 미군의 EC-121 전자정찰기가 북한 공군의 기습으로 격추되어 31명의 승무원이 사망하였다.

⊙─판문점 도끼만행사건

1976년 8월 18일, 판문점 공동경비구역 내에서 가지치기 작업을 지휘하던 2명의 미군 장교들에게 북한 경비병들이 시비를 걸고 구타하여 살해한 사건.

강릉 잠수함 침투.

⊙─강릉 잠수함 사건

1996년 9월 18일, 강릉 인근 해안에서 북한의 상어급 잠수함이 좌초된 채로 발견되었다. 승무원과 공작원을 합쳐 26명이 타고 있었는데 그중 11명은 자살하였고 13명은 사살되었으며 1명은 생포, 1명은 도주하였다.

⊙─속초 잠수함 사건

1998년 6월 22일, 속초 인근 해안에서 북한의 유고급 잠수함이 침투 중에 꽁치 잡이 그물에 걸렸다. 여기 타고 있던 9명은 추적을 받다가 모두 자살했다.

⊙─제1차 서해교전

일명 제1연평해전. 1999년 6월 15일, 연평도 근해의 북방한계선을 침범한 북한 경비정과 해군 고속정이 교전하였다. 북한측 군함 2척이 침몰하고 3척이 대파, 70~200명의 사상자가 발생한 데 비해 한국 해군의 피해는 부상자 9명뿐이었다.

⊙─제2차 서해교전

일명 제2연평해전. 2002년 6월 29일, 연평도 근해의 북방한계선을 침범한 북한 경비정과 해군 고속정이 교전하였다. 밀어내기 충돌작전 중 발포가 시작된 1차 해전과 달리, 처음부터 북한 경비정의 의도적인 조준사격이 가해졌고 이로 인해 해군의 참수리급 고속정 1척이 침몰하고 6명의 전사자와 18명의 부상자가 나왔다. 인민군은 경비정 한 척이 반파되었으며 전사13명, 부상 25명의 피해를 본 것으로 알려져 있다.

⊙─제3차 서해교전

일명 대청해전. 2009년 11월 10일, 대청도 근해의 북방한계선을 침범한 북한 경비정과 해군 고속정이 교전하였다. 해군은 선체에 일부 피해를 입었을 뿐 인명손실이 없었으나 북한 경비정은 예인되어야 할 정도로 큰 손실을 입었으며 인명피해 규모는 알려지지 않았다.

이외에도 수많은 교전이 있었으며, 단순히 휴전협정을 위반한 횟수만 따지면 수십 만 건이 넘는 충돌이 있었다. 하지만 60년 가까이 계속된 휴전 상태는 우리 국민들의 경계심을 무디게 만들었고, 휴전선에서 지금도 계속되는 대치상태에 대해 별 관심을 갖지 않게 만드는 것이 사실이다. 하지만 관심을 갖는다고 해도 이것을 끝내는 것도 쉽지 않다.

현재 남북한 사이에는 60년간 계속된 증오로 인한 골짜기가 깊게 패어 있으며 이를 메우는 것은 어려운 일이다. 게다가 이 골짜기는 양 당사자가 옛일을 잊고 노력한다고 해서 쉽게 메울 수 있는 것도 아니다. 한반도의 분단이 2차 세계대전의 종결과 냉전의 시작이라는 국제적인 조류에 휘말려 벌어졌듯이, 한반도의 재통일 역시 동북아시아에 존재하는 강대국들의 이해관계가 첨예하게 대립되는 문제이기 때문이다. 이를 위해서는 아직 많은 이해와 조정의 시간이 필요할 것이다.

부록

한국전쟁 연표

1948년
- 2월 8일   북한 조선인민군 창설 선포
- 4월 3일   제주도 4.3사건
- 5월 10일   남한 유엔 감시하의 총선거 실시
- 8월 15일   대한민국 정부수립
- 8월 16일   국방경비대를 국군으로 명명
- 9월 9일   북한 조선민주주의인민공화국 수립
- 10월 19일   여순반란사건
- 11월 2일   대구반란사건

1949년
- 3월 5일   김일성-스탈린 회담
- 3월 17일   조·소 군사, 경제, 문화협정 체결
- 4월 28일   김일성-모택동 회담
- 6월 29일   주한미군 철수 완료
- 7월 1일   주한 미 군사고문단 설치
- 10월 1일   중공 중국인민공화국 수립
- 12월 16일   모택동-스탈린 회담

1950년
- 1월 12일   미 애치슨 국무장관, 태평양방위선 연설
- 1월 26일   한미 상호방위원조협정 체결
- 4월 5일   김일성-스탈린 비밀회담
- 5월 13일   김일성-모택동 회담
- 5월 29일   북한 남침선제타격계획 완성
- 5월 30일   국회의원 선거
- 6월 8일   북한 위장 평화공세 전개

6월 12일	인민군 전투부대 38선 부근으로 이동
6월 22일	인민군 남침정찰명령 하달
6월 23일	국군 비상경계 해제
6월 25일	인민군 전면 남침
6월 26일	유엔안전보장이사회, 인민군 공격중지와 철수 권고 결의
6월 27일	정부, 대전으로 천도
	미 제7함대, 대만해협 봉쇄 결정
6월 28일	유엔안전보장이사회, 한국 군사지원 결의안 채택
	인민군 서울 점령
6월 29일	맥아더 원수 한강방어선 시찰
6월 30일	미 지상군 투입결정
	정일권 소장, 국군 육해공군총사령관 겸 육군총참모장 임명
7월 1일	미 지상군 선발대, 부산 도착
7월 5일	미 스미스부대 오산 죽미령에서 최초 전투
	국군 제1군단 창설
7월 7일	유엔안보리 유엔통합군사령부 설치 결의
7월 8일	정부, 비상계엄 선포(전라남북도 제외)
7월 14일	국군 작전지휘권 유엔군총사령관에게 이양
7월 16일	정부, 대전에서 대구로 이동
8월 1일	낙동강 방어선 형성
8월 18일	정부, 대구에서 부산으로 이동
9월 15일	인천상륙작전
9월 23일	김일성, 인민군 총 후퇴 명령 하달
9월 29일	수도 환도식 거행(중앙청)
10월 2일	중공 외상 주은래 중공군 개입 경고
10월 9일	유엔군 북진작전 개시
10월 15일	웨이크 섬 회담

부록

10월 19일	평양 탈환
10월 25일	중공군 참전
11월 30일	유엔군 전면 철수
12월 14일	원산, 흥남철수 작전
12월 23일	미 제8군사령관 워커 중장 전사
12월 26일	신임 미 제8군사령관 리지웨이 장군 부임
12월 31일	중공군 제3차 공세(신정공세)

1951년

1월 4일	유엔군 서울 철수(1.4후퇴)
1월 17일	정부, 정전안 반대
2월 1일	유엔 총회 중공을 침략자로 결의
3월 15일	서울 재탈환
4월 12일	맥아더 장군 해임, 리지웨이 장군 임명
5월 7일	신성모 국방장관 퇴임, 이기붕 장관 취임
5월 12일	국민방위군 설치법 폐지
6월 1일	유엔 사무총장, 38도선에서 휴전성명 발표
6월 23일	이종찬 소장 육군총참모장 취임
6월 30일	리지웨이 사령관, 휴전회담 제의
7월 1일	공산군, 휴전회담 수락
7월 10일	휴전회담 개성에서 개막
9월 5일	미 제2사단 피의 능선 점령
10월 13일	미 제2사단 단장의 능선 점령
10월 25일	휴전회담 판문점에서 재개

1952년

1월 30일	육군사관학교 개교
2월 18일	거제도 포로수용소 폭동
2월 24일	공산군, 미군 세균전 살포 조작 및 비난

	3월 29일	국방장관 신태영 임명
	4월 28일	유엔군, 일괄타결안 제의
	5월 7일	거제도 포로수용소 소장 피랍
	5월 9일	유엔군사령관 클라크 대장 부임
	5월 20일	거제도 포로 폭동
	6월 21일	유엔군, 포로 강제송환 강력 반대
	7월 23일	백선엽 중장, 육군참모총장 취임
	8월 5일	정부통령 선거(대통령 이승만, 부통령 함태영 당선)
	9월 28일	유엔군, 포로의제 선택적 제안
	10월 6일	한국군 제9사단, 백마고지 전투
	12월 2일	미 대통령당선자 아이젠하워 서울 도착
1953년	1월 20일	미 아이젠하워 대통령 취임
	2월 11일	밴플리트 후임으로 테일러 중장 부임
	3월 4일	이승만대통령, 클라크, 테일러 회동
	3월 5일	스탈린 사망
	3월 28일	공산군, 상병포로교환 제의 수락
	4월 20일	상병포로 교환 개시
	5월 25일	한국대표, 회담 불참 선언
	5월 30일	미국 에버레디 계획 확정
	6월 18일	이대통령, 반공포로 석방
	6월 26일	이승만-로버트슨 회담
	6월 30일	국방부장관 손원일 임명
	7월 13일	중공군 최후공세 개시
	7월 27일	휴전협정 조인 (클라크 문산에서, 김일성 평양에서 각각 서명)

지도로 보는 한국전쟁 연표

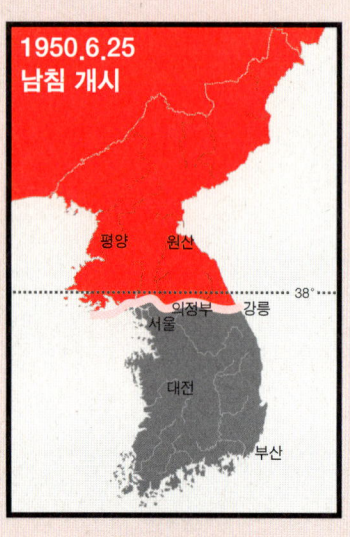
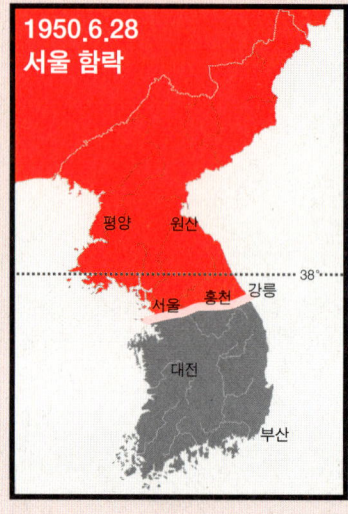
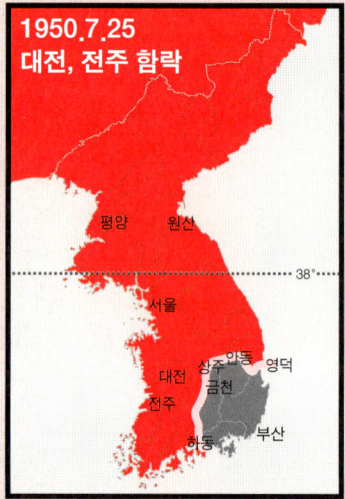
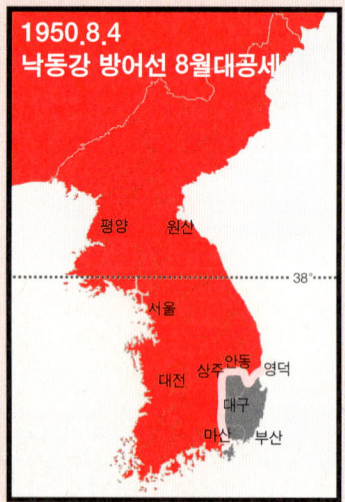
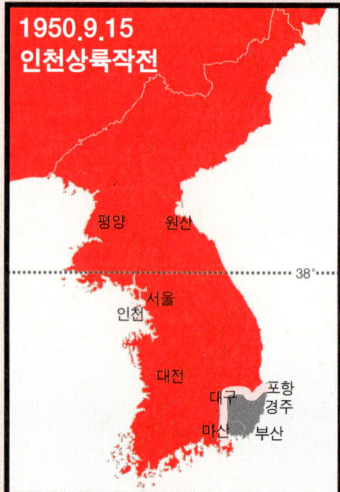
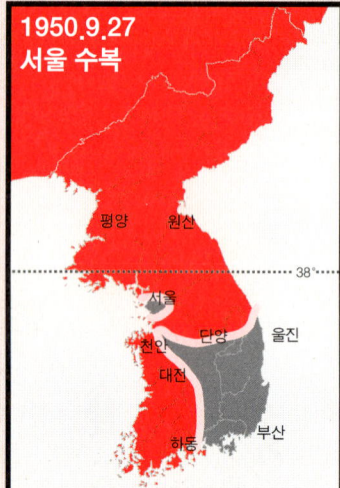

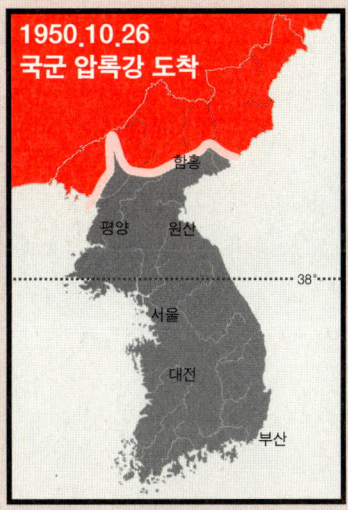
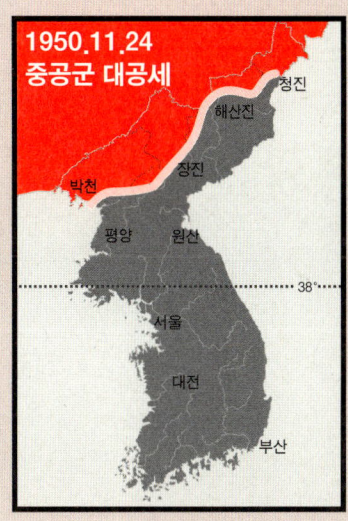

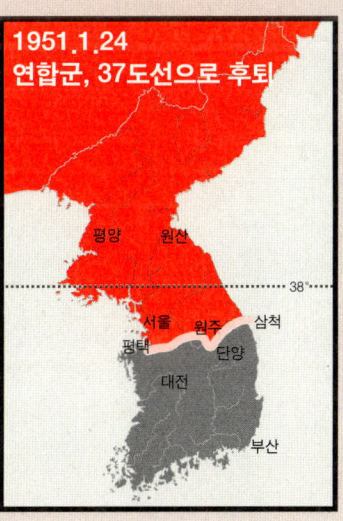
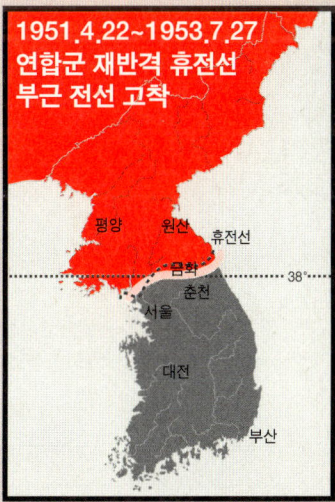

참고 문헌

에드완 베르고, 『6.25 전란의 프랑스대대』, 동아일보사, 1983

『6.25 전쟁 프랑스군 참전사』, 국가보훈처, 2004

『6.25 전쟁과 채병덕 장군』, 국방부 군사편찬연구소, 2002

『6.25전쟁사 vol.01 - 전쟁의 배경과 원인』, 국방부 군사편찬연구소, 2004

『6.25전쟁사 vol.02 - 북한의 전면남침과 초기 방어전투』, 국방부 군사편찬연구소, 2005

『6.25전쟁사 vol.03 - 한강선 방어와 초기 지연작전』, 국방부 군사편찬연구소, 2006

『6.25전쟁사 vol.04 - 금강/소백산맥선 지연작전』, 국방부 군사편찬연구소, 2008

『6.25전쟁사 vol.05 - 낙동강선 방어작전』, 국방부 군사편찬연구소, 2008

『갑종이여 영원하라』, 갑종장교단 중앙회, 2009

대한민국참전경찰유공자회, 『경찰전사(1945~2003) : 아~살아있다! 대한민국 경찰의 혼』, 월간조선, 2003

윌리엄 린드세이 화이트, 『군사참고 vol.003 - 한국전쟁 포로』, 국방부전사편찬위원회, 1986

『군사참고 vol.005 - 전쟁의 원인』, 국방부전사편찬위원회, 1988

『군사참고 vol.006 - 중공군 압록강을 건너다, 중공의 한국전쟁 참전결정』, 국방부전사편찬위원회, 1989

벤 말콤 외, 『군사참고 vol.011 - 백호부대 유격전사』, 국방부 군사편찬연구소, 2001

최용호, 김병륜, 『그때 그날』, 삼우사, 2003

권주혁, 『기갑전으로 본 한국전쟁』, 지식산업사, 2008

백선엽, 『길고 긴 여름날 1950년 6월 25일』, 지구촌, 1999

『나를 따르라 - 불멸의 갑종장교 후보생』, 갑종장교단 중앙회, 2005

송영선, 『다부동 55일 - Story Boards』, 문화기획, 2004

박승수, 『다큐멘터리 한국전쟁 - 제1부 분단의 배경』, 금강서원,

박승수, 『다큐멘터리 한국전쟁 - 제2부 참혹한 전쟁』, 금강서원, 1990

박승수, 『다큐멘터리 한국전쟁 - 제3부 6.25 전쟁의 반성』, 금강서원, 1990

권주혁, 『바다여 그 말 하라』, 도서출판 중앙,

『자유의 십자군』, 한국 어린이 반공교육 지도회, 1979

딘 E. 헤쓰, 『배틀 힘』, 도서출판 감자, 2000

김응수, 『북위40도선 - 유격백마부대전사』, 유격백마부대전사출판사, 1968

장준익, 『북한 인민군대사』, 서문당, 1991

마틴 러스, 『브레이크아웃 - 1950년 겨울, 장진호 전투』, 나남출판,

이영식, 『빨치산』, 행림출판, 1988

찰스 암스트롱, 『서해역사책방 vol.18 - 북조선 탄생』, 서해문집, 2006

페렌바크, 『실록 한국전쟁』, 양서각, 1965

박경석, 『실록전쟁소설 서울학도의용군』, 서문당, 1995

서상문, 『알아봅시다! 6.25전쟁사 vol.1 - 배경과 원인』, 국방부 군사편찬연구소, 2005

홍은혜, 『우리들은 이 바다 위해』, 가인기획, 1990

박경석, 『육사생도 2기』, 홍익출판사, 2000

장창국, 『육사졸업생』, 중앙일보사, 1984

Richard P. Hallion, 『은빛 날개, 금빛 명예 - 미 공군이 기억하는 한국』, 공군작전사령부, 2007

조셉 굴든, 『한국전쟁 알려지지 않은 이야기』, 일월총서 vol.08 - 일월서각, 1982

김대근, 권영걸, 『잊혀지지 않는 병사들 - 영국 글로스터대대 적성 설마리 전투』, 법서출판사, 2000

김중생, 『조선의용군의 밀입북과 6.25 전쟁』, 명지출판사,

R. A. 구겔러, 『한국에서의 소부대전투』, 병학사, 1977

존 G. 웨스트오버, 『한국에서의 전투지원』, 병학사, 1978

대한민국국방부정훈국전사편찬회, 『한국전란 2년지』, 선광인쇄주식회사, 1953

대한민국국방부정훈국전사편찬회, 『한국전란 3년지』, 선광인쇄주식회사, 1954

대한민국국방부정훈국전사편찬회, 『한국전란 4년지』, 선광인쇄주식회사, 1955

대한민국국방부정훈국전사편찬회, 『한국전란 5년지』, 선광인쇄주식회사, 1956

하기와라 료, 『한국전쟁 - 김일성과 스탈린의 음모』, ㈜한국논단, 1995

정병준, 『한국전쟁 : 38선 충돌과 전쟁의 형성』, 돌베게, 2006

안토니 비벨, 『한국전쟁 미군병사들의 기록』, 백암, 2008

Malcolm W. Cagle, Frank A. Manson, 『한국전쟁 해전사』, 21세기군사연구소, 2003

『한국전쟁과 유격전』, 육군본부, 1994

『한국전쟁사 부도』, 육군사관학교, 1984

『한국전쟁사 vol.1 - 해방과 건군』(1945~1950.6), 국방부 전사편찬위원회, 1968

『한국전쟁사 vol.2 - 북한 괴뢰군의 남침』(1950.6.25~1950.7.31), 국방부 전사편찬위원회, 1968

『한국전쟁사 vol.3 - 낙동강 방어작전기』, 국방부 전사편찬위원회, 1970

『한국전쟁사 vol.4 - 총반격작전기』, 국방부 전사편찬위원회, 1971

『한국전쟁사 vol.5 - 중공군 침략과 재반격작전기』, 국방부 전사편찬위원회, 1972

『한국전쟁전투사 - 도솔산전투』, 국방군사연구소, 1993

『한국전쟁전투사 - 임진강전투』(중공군 4월공세), 국방부 전사편찬위원회, 1991

『한국전쟁전투사 - 진천, 화령장 전투』(중서부지역 지연전), 국방부 전사편찬위원회, 1991

『한국전쟁전투사 - 다부동전투』, 국방부전사편찬위원회, 1981

『한미 군사 관계사 1871~2002』, 국방부 군사편찬연구소, 2002

김종완, 『해방 20년사』, 희망출판사, 1965

형제의 나라, 『한국과 터키 - 터키군 6.25전쟁 참전사』, 국가보훈처, 2007

이원복, 『호국용사 100선』, 명성출판사, 1976

육군사관학교 전사학과, 한국전쟁사 부도, 황금알, 1981

사진 출처

LIFE AT WAR(한국일보-타임라이프, 1977)

한국전쟁 종군기자(한국언론자료간행회, 1987)

KBS 다큐멘터리 한국전쟁(KBS문화 사업단, 1991)

지울 수 없는 이미지1,2,3(눈빛, 2006)

그들이 본 한국전쟁1,2,3(눈빛, 2005)

우리가 본 한국전쟁(눈빛, 2008)

한국전쟁(책과함께, 2005)

한국전쟁 38선의 충돌과 전쟁의 형성(돌베개, 2006)

한국전쟁의 전개과정(태암, 1989)

朝鮮戰爭(学習研究社, 2007)

The Coldest winter(Hyperion, 2007)

South To The Naktong, North To The Yalu(Dept. of the Army, 1998)

The Korean War(Compass point book, 2006)

한국전쟁

2010년 8월 2일 1판 1쇄

지은이   임영대

디자인   소와디자인_ 이금주
출력   (주)한국커뮤니케이션
인쇄   (주)상지 P&B
제책   (주)상지 P&B

펴낸이   柳炯植
펴낸곳   (주)소와당笑臥堂
신고 번호   제313-2008-5호
주소   (121-848)서울시 마포구 성산1동 274-2 비에스빌딩 5층
전화   편집부 (02)325-9813 영업부 (070)7585-9639
팩스   (02)3141-9639
전자우편   sowadang@gmail.com

저작권자와 맺은 협의에 따라 인지를 생략합니다.

값은 뒤표지에 있습니다.
잘못 만든 책은 서점에서 바꾸어 드립니다.

ISBN 978-89-93820-19-5 03910